新时代
农业经济系列

李艳萍　闫云婷　主编

农民专业合作社运营管理与实务

（图解案例版）

化学工业出版社

·北京·

内容简介

本书从农民专业合作社筹建开始到制度建设、分立合并、运营管理、财务管理、法律指引，为读者提供了一整套全流程指导性操作范本。全书包括认识农民专业合作社，农民专业合作社设立，农民专业合作社解散、变更与清算，农民专业合作社组织运行，农民专业合作社经营管理，农民专业合作社的财务会计，共六章内容。

本书编写采用图解加案例的方式，既具有普及性读物的性质，同时又保有专业性与实操性特质。本书可供农民专业合作社一线工作者、相关科研单位阅读使用，也可作为院校教学和相关从业者的培训教材。

图书在版编目（CIP）数据

农民专业合作社运营管理与实务：图解案例版／李艳萍，闫云婷主编．—北京：化学工业出版社，2022.2（2025.7重印）
（新时代农业经济系列）
ISBN 978-7-122-40377-3

Ⅰ.①农… Ⅱ.①李…②闫… Ⅲ.①农业合作社-专业合作社-经营管理-中国 Ⅳ.①F321.42

中国版本图书馆CIP数据核字（2021）第248585号

责任编辑：张林爽　　　　　　　　　　　文字编辑：张春娥
责任校对：宋　玮　　　　　　　　　　　装帧设计：张　辉

出版发行：化学工业出版社（北京市东城区青年湖南街13号　邮政编码100011）
印　　装：北京科印技术咨询服务有限公司数码印刷分部
710mm×1000mm　1/16　印张10¼　字数180千字　2025年7月北京第1版第4次印刷

购书咨询：010-64518888　　　　　　　　售后服务：010-64518899
网　　址：http://www.cip.com.cn
凡购买本书，如有缺损质量问题，本社销售中心负责调换。

定　　价：58.00元　　　　　　　　　　　　　　　　　　版权所有　违者必究

《农民专业合作社运营管理与实务》编写人员

主　　编　李艳萍　闫云婷

副 主 编　李　强

参编人员　万　敬　李　颖　胡永强
　　　　　姚杰峻　魏佳佳　张智锋
　　　　　刘　鑫　李　旭

前　言

《中华人民共和国农民专业合作社法》于2007年7月1日正式实施，2017年12月27日第十二届全国人民代表大会常务委员会第三十次会议进行修订并于2018年7月1日起施行。2017年12月农业农村部、国家发展改革委员会、财政部等部门联合发布了《关于引导和促进农民合作社规范发展的意见》，对引导和促进农民合作社规范发展的重大意义、规范发展的总体思路、基本原则、主要目标、主要任务、政策导向和服务机制等方面进行了全面阐述。

农民合作社（也称农民专业合作社）是带动农户进入市场的新型农业经营主体，是创新农业经营管理的有效载体。应按照积极发展、逐步规范、强化扶持、提升素质的要求，加大力度、加快步伐发展农民合作社，切实提高其引领带动能力和市场竞争能力。帮助和引导农民专业合作社的创立、发展，规范农民专业合作社的组织行为，保护农民专业合作社及其社员的合法权益，对促进农业和农村经济的发展具有划时代的意义。

农民合作社经过10余年的实践，在经营管理过程中出现了一些阻碍其规范发展的问题，如组织运行不规范、辐射带动能力小、财务管理较混乱、资金不足等，甚至导致部分合作社名存实亡、农民利益受损进而对合作社失去信心等。

本书立足服务三农，从农民合作社成员和经营者的角度出发，系统介绍了什么是农民合作社、如何设立农民合作社、农民合作社的内部组织运行模式、日常经营管理的重点、农民合作社的解散以及农民合作社的财务会计等，期望对农业企业、农业大户、农民专业合作社、家庭农场及有志于农业产业的朋友们有所帮助和指导。

本书第1～4章由李强、李艳萍组织编写，第5、6章由闫云婷、李艳萍组织编写，同时李艳萍负责全书的审稿工作。

在本书的编写过程中，编者参阅了一些相关书籍资料、法律法规、网站资料等，在此向有关作者致谢。

由于编写时间仓促，编者水平有限，书中难免存在不妥与疏漏之处，希望广大读者批评指正。

编　者
2021年

目 录

第1章　认识农民专业合作社 ………………………………… 1

1.1　农民专业合作社的含义 ……………………………………………… 1
1.2　农民专业合作社的特点 ……………………………………………… 4
1.3　农民专业合作社的优势 ……………………………………………… 4
1.4　农民专业合作社的发展前景 ………………………………………… 5
1.5　农民专业合作社的类型 ……………………………………………… 6
　　1.5.1　乡村精英领导型 ……………………………………………… 6
　　1.5.2　龙头企业带动型 ……………………………………………… 6
　　1.5.3　集体经济依托或改制型 ……………………………………… 6
　　1.5.4　政府部门引导型 ……………………………………………… 7

第2章　农民专业合作社设立 ………………………………… 8

2.1　设立条件 ……………………………………………………………… 8
　　2.1.1　农民专业合作社成员构成 …………………………………… 8
　　2.1.2　农民专业合作社章程 ………………………………………… 9
　　2.1.3　农民专业合作社组织机构 …………………………………… 20
　　2.1.4　农民专业合作社名称和住所 ………………………………… 23
　　2.1.5　农民专业合作社资金 ………………………………………… 23
2.2　设立程序 ……………………………………………………………… 24
　　2.2.1　农民专业合作社经营执照的申领 …………………………… 24
　　2.2.2　办理合作社公章 ……………………………………………… 33
　　2.2.3　办理合作社银行开户 ………………………………………… 33
　　2.2.4　政府机关登记备案 …………………………………………… 33
2.3　农民专业合作社联合社的设立 ……………………………………… 34
　　2.3.1　农民专业合作社联合社概述 ………………………………… 34
　　2.3.2　组建农民专业合作社联合社 ………………………………… 35

2.3.3　农民专业合作社联合社案例 ………………………………… 45

第3章　农民专业合作社解散、变更与清算 …………………… 47

　3.1　农民专业合作社解散 …………………………………………… 47
　3.2　农民专业合作社变更 …………………………………………… 49
　3.3　农民专业合作社清算 …………………………………………… 50
　　　3.3.1　清算工作的内容 ……………………………………………… 51
　　　3.3.2　清算工作的程序 ……………………………………………… 51

第4章　农民专业合作社组织运行 ……………………………… 54

　4.1　组织机构与职权 ………………………………………………… 54
　　　4.1.1　农民专业合作社成员（代表）大会 ………………………… 54
　　　4.1.2　理事会及理事长 ……………………………………………… 56
　　　4.1.3　监事会及执行监事 …………………………………………… 58
　　　4.1.4　合作社经理 …………………………………………………… 59
　　　4.1.5　合作社主要岗位人员设定 …………………………………… 60
　4.2　组织运营保障制度 ……………………………………………… 61
　4.3　组织运行模式 …………………………………………………… 63

第5章　农民专业合作社经营管理 ……………………………… 71

　5.1　项目规划 ………………………………………………………… 71
　　　5.1.1　政府政策引导项目 …………………………………………… 71
　　　5.1.2　政府补贴项目 ………………………………………………… 74
　5.2　标准化生产 ……………………………………………………… 76
　　　5.2.1　标准化生产的内容 …………………………………………… 77
　　　5.2.2　农业标准化实施 ……………………………………………… 78
　　　5.2.3　农产品质量安全认证 ………………………………………… 78
　5.3　农产品营销 ……………………………………………………… 86
　　　5.3.1　营销渠道 ……………………………………………………… 86
　　　5.3.2　品牌建设 ……………………………………………………… 87

- 5.3.3 储藏加工 ················· 88
- 5.3.4 包装设计 ················· 89
- 5.3.5 定价策略 ················· 90
- 5.3.6 谈判技巧 ················· 92
- 5.4 合作社融资 ·················· 93
  - 5.4.1 金融贷款 ················· 93
  - 5.4.2 民间借款 ················· 94
  - 5.4.3 融资租赁 ················· 94
- 5.5 信息化建设 ·················· 95

第6章 农民专业合作社的财务会计 ·············· 97

- 6.1 合作社财务会计概述 ············ 97
  - 6.1.1 合作社财务体系建立 ·········· 99
  - 6.1.2 会计核算方法 ·············· 100
- 6.2 农民专业合作社资产的核算 ······ 101
  - 6.2.1 流动资产的核算 ············ 101
  - 6.2.2 长期资产的核算 ············ 109
- 6.3 农民专业合作社负债的核算 ······ 124
  - 6.3.1 流动负债的核算 ············ 124
  - 6.3.2 长期负债的核算 ············ 129
- 6.4 农民专业合作社所有者权益的核算 ···· 132
  - 6.4.1 股金 ···················· 132
  - 6.4.2 专项基金 ················· 134
  - 6.4.3 资本公积 ················· 135
  - 6.4.4 盈余公积 ················· 136
  - 6.4.5 本年盈余 ················· 137
  - 6.4.6 盈余分配 ················· 137
- 6.5 农民专业合作社生产成本的核算 ···· 139
- 6.6 农民专业合作社损益的核算 ······ 141
  - 6.6.1 经营收入 ················· 141
  - 6.6.2 其他收入 ················· 141
  - 6.6.3 投资收益 ················· 141

- 6.6.4 经营支出 ... 141
- 6.6.5 管理费用 ... 142
- 6.6.6 其他支出 ... 142

6.7 农民专业合作社的会计报表 ... 142
- 6.7.1 资产负债表 ... 143
- 6.7.2 盈余及盈余分配表 ... 146
- 6.7.3 成员账户及成员权益变动表 ... 147
- 6.7.4 财务状况说明书 ... 149

6.8 农民专业合作社财务管理 ... 150
- 6.8.1 财务管理的基本原则 ... 150
- 6.8.2 财务管理的基本要求 ... 150
- 6.8.3 合作社内部会计控制 ... 150
- 6.8.4 合作社印章及重要空白凭证的管理 ... 151
- 6.8.5 应收账款管理 ... 151
- 6.8.6 收入及成本费用管理 ... 152

6.9 合作社税务管理 ... 152
- 6.9.1 增值税 ... 153
- 6.9.2 印花税 ... 153
- 6.9.3 企业所得税 ... 153
- 6.9.4 个人所得税 ... 153
- 6.9.5 车船税和车辆购置税 ... 153

参考文献 ... **155**

第1章 认识农民专业合作社

1.1 农民专业合作社的含义

农民专业合作社是指在农村家庭承包经营基础上，农产品的生产经营者或者农业生产经营服务的提供者、利用者，自愿联合、民主管理的互助性经济组织。农民专业合作社是带动农户进入市场的基本主体，是发展农村集体经济的新型实体，是创新农村社会管理的有效载体（图1-1）。

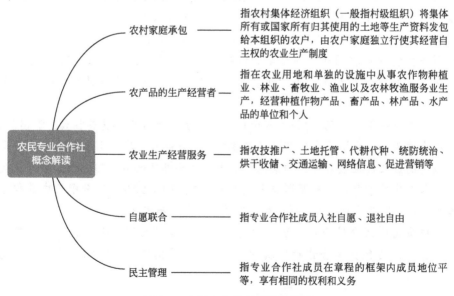

图1-1 农民专业合作社概念解读

案例

烟台某果品专业合作社成立于2013年5月,由村党支部领办、180户村民以承包土地经营权入股成立,采用入股、置换、租赁相结合的方式实现村土地股份合作,村民以承包土地经营权每亩❶地为1股折价8000元入股并以此标准接受现金入股,村民之间通过进行土地互换将规划区内的土地集中起来,按每亩地4000元/年的价格以入股村民个人名义租赁非入股村民规划区内的土地,将200多亩土地成方连片,建成了标准化、集约化、现代化的有机矮化苹果园,此外,党支部书记、村委会主任、其他两委(村共产党员支部委员会和村民自治委员会)成员、普通党员,除了土地入股,还分别率先现金入股20万元、10万元、5万元、3万元。在组织运行上,村两委与合作社实行"双向进入、交叉任职",村党支部书记兼任合作社党支部书记、理事长,村委会主任兼任监事长,其他村两委成员及党员任理事、监事,实现合作社发展与村级事务共同研究、一体推进。最终,共发动180户村民、筹集2200万股。

合作社把果业作为主攻方向,做大做强果品产业:一是实施集约栽培。2013年,合作社建设200多亩苹果示范园,采用国内先进的矮化高纺锤形宽行密植种植模式,三年挂果,四年进入盛果期,盛果期亩产约4000千克,每亩收入约3万元,净利润达1万元。二是拉长产业链条。合作社抓住栖霞市推进果品产业更新换代的机遇,2013年新建100亩苗木基地,成立生物菌肥厂、生物制剂厂、生物菌种厂。三是放大规模效应。2015年以来,针对本村成方连片果园供应不足问题,合作社采取"走出去"战略,通过租赁方式,先后在周边村新建4处苹果示范园,面积达到3000亩,吸引496户果农入社,年增加群众土地租赁收入500万元,实现合作社种植规模与成员规模"二连跳"。

合作社每年提出5%的经营盈余作为公积金用于合作社发展壮大,提出3%的盈余作为公益金用于成员培训、困难救助、公益事业等,凡是年龄达到70周岁以上的成员进住敬老院,如果他的土地分红不够住敬老院的标准,合作社就从公益金中给予补助,从而形成土地养老模式。剩余92%全部分配给成员和村集体,最大限度让利于民,保证始终有收入、年年有进账。

成员将果园交给合作社统一管理,每年除了获得稳定分红,公积金盈余再分红,还可优先到合作社所属的3个企业和示范园工作挣钱,实现"交地

---

❶ 1亩=667平方米。

不离地、收入有保障"。合作社每年给村民发放务工工资200多万元。同时，入社果农还可享受合作社统一提供的低价农资，每年减少成本支出100多万元。

合作社将过去碎片化的土地整理为成方连片的大田，建成示范园，增加了10%左右的土地种植面积，多出的这部分作为集体土地，连同一个水塘和周边几亩荒滩一起加入合作社，集体股占总股本的15%左右，2018年每股分红0.5元，每亩地分到4000元，集体分红收益118670元。合作社收回了村集体的25亩预留地种上苹果苗木，从2016年开始每年收入30万元左右。合作社在村级办公场所建起120千瓦的光伏发电项目，每年收入18万元左右。合作社利用集体的废弃厂房和土地入股引进的生物菌肥厂，每年收入10万元左右。

合作社每年投入100多万元，先后组织开展村级组织活动和群众娱乐、村路硬化、光伏发电、环境卫生综合整治等惠民实事，村容村貌焕然一新，村风民风明显好转，群众生活幸福指数节节攀升，党支部班子凝聚力、战斗力显著增强。

烟台该果品专业合作社是国务院农业农村部2019年评选的农民合作社规范发展的典型案例之一，对今后农民专业合作社的发展具有一定的指导意义。农民专业合作社以其成员为主要服务对象开展以下一种或者多种业务，如图1-2所示。

图1-2 农民专业合作社开展业务

上述案例中的烟台某果品专业合作社成立初期以种植苹果树为主，几年间不断扩大业务范围，建起光伏发电、生物菌肥厂、生物制剂厂、生物菌种厂等。

农民专业合作社既是具有法人地位的生产或经营企业，又是群众性的社团组织。农民专业合作社的企业特征主要表现为在国家行政管理机关注册、以盈利为目的、运用土地等生产要素向市场提供商品或服务以及实行自主经营、自负盈亏、独立核算。农民专业合作社的社团组织特征主要表现为成员以农民为主体、谋求全体成员的共同利益、入社自愿、退社自由，成员地位平等，实行民主管理。

1.2　农民专业合作社的特点

农民专业合作社有其自身的特点，主要包括以下五方面：

（1）在管理机制上实行入社自愿，退社自由。

（2）在组织构成上以农民作为经济主体，主要由进行农产品生产、销售等环节的公民、企业、事业单位联合而成，农民至少占成员总人数的百分之八十，从而构建了新的组织形式。

（3）所有制结构上，在不改变家庭承包经营的基础上，实现了劳动和资本的联合，从而形成了新的所有制结构。

（4）在组织性质上实行民主选举、民主管理。

（5）在收益分配上对内部成员不以盈利为目的，将利润返还给成员，盈余归全体成员所有，扣除发展基金后，按社员的业务交往量比例大小分配。

1.3　农民专业合作社的优势

农民专业合作社存在的优势包括八项，具体如图1-3所示。

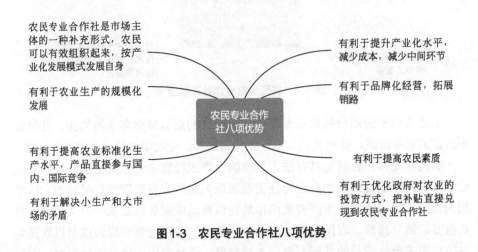

图1-3　农民专业合作社八项优势

1.4 农民专业合作社的发展前景

2013年《中共中央国务院关于加快发展现代农业进一步增强农村发展活力的若干意见》(中央一号文件)明确指出,农民合作社将成为引领我国农业生产经营体制创新的重要主体,按照积极发展、逐步规范、强化扶持、提升素质的要求,加大力度、加快步伐发展农民合作社,切实提高引领带动能力和市场竞争能力。鼓励农民兴办专业合作和股份合作等多元化、多类型合作社。2020年《中共中央国务院关于坚持农业农村优先发展做好"三农"工作的若干意见》(中央一号文件)指出,要突出抓好家庭农场和农民合作社两类新型农业经营主体,开展农民合作社规范提升行动,深入推进示范合作社建设,建立健全农民合作社发展的政策体系和管理制度,落实扶持小农户和现代农业发展有机衔接的政策,完善"农户+合作社"利益联结机制。

未来农民专业合作社将在政府的大力支持下,展现其强大的生命力和广阔的发展前景,目前我国已经初步形成了促进农民专业合作社发展的政策和法律法规体系,农民专业合作社的外部发展环境处于历史最好时期。农民专业合作社是农民合作联社的基础,也是家庭农场成长和发展的方向,起到承上启下的纽带作用,是未来农业现代化建设的重要举措。试点和试验的成功案例证明,农民专业合作社功能日渐完善,作用更加凸显,农民专业合作社逐渐向"贸工农一体化、产加销一条龙"的产业化经营方向发展,通过增强服务功能,逐步由松散联合走向紧密联合、由劳动联合走向劳动与资本的双重联合,成为股份合作制的实体化经济组织。农民专业合作社日益成为推进农业区域化布局、专业化生产、规模化经营的重要载体,通过促进资金、技术、土地和劳动力等生产要素合理流动,使产业结构进一步优化,通过引进新品种、传授新技术,向成员提供科技和信息服务,提高农业的科技含量,促进农业科技的推广和应用。农民专业合作社日益成为联系政府和服务农民的桥梁与纽带,其经济与社会影响力将持续扩大。

1.5 农民专业合作社的类型

如果按照组织特征进行分类,农民专业合作社主要包括四种类型(图1-4),以下对这四种类型进行详细解读。

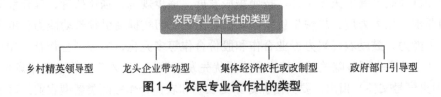

图1-4 农民专业合作社的类型

1.5.1 乡村精英领导型

这种类型的农村专业合作组织一般由多年从事生产、运销、技术推广和村镇管理的乡村专业大户、经纪人、技术员和村干部等精英牵头,联合从事同种专业生产的农民自发创立。这些乡村精英多数技术上有专长,善经营、会管理,有丰富的种养经验或营销经验,并有一定的社会资源和社会影响力。

1.5.2 龙头企业带动型

一般采取"企业+专业合作社+农户"的生产经营模式,由农户负责农业生产,专业合作社侧重联系和服务,公司侧重产品营销和加工。农民专业合作社与龙头企业之间通过合同关系或股份合作关系保持稳定的业务联系和利益联结。

在农业产业化经营过程中,由于加工流通企业的拉动效应常把相关的研究者和政策制定者称为"产加销""农工贸"一体化经营的"龙头"。高度发达的现代加工流通企业,特别是具有规模化生产和销售市场的食品加工企业,亟须建立质量稳定的原材料批量供应基地和组织,这就为龙头企业主动引导农户创建专业合作社提供了动力。

1.5.3 集体经济依托或改制型

由乡村集体经济改制形成。依托村或乡镇、社区组织优势,以社区组织的人力、物力为后盾,吸收本村及周围农村从事同一专业生产的农民建立合作社,发展专业化生产,实行社会化服务和企业化管理。该种类型具有一定的区域性，多是村集体延伸兴办服务组织，各农村股份经济联合社干部指导农民生产，组织集中销售，使农民增收。

1.5.4 政府部门引导型

政府部门引导型的农民专业合作社通常是指政府相关部门为了贯彻农业发展战略，利用政府行为号召农民联合起来，并具体指导和帮助农民组建形成具有合作性质的农村经济组织的一种模式。这类专业合作组织的组织体系都是在政府主导推动下形成的。

第 2 章 农民专业合作社设立

2.1 设立条件

设立农民专业合作社,应依据《中华人民共和国农民专业合作社法》的相关规定,有符合的成员、章程、组织机构、名称、住所、资金等。

2.1.1 农民专业合作社成员构成

具有民事行为能力的公民,以及从事与农民专业合作社业务有直接关系的生产经营活动的企业、事业单位或者社会组织,能够利用农民专业合作社提供的服务,承认并遵守农民专业合作社章程,履行章程规定的入社手续的,可以成为农民专业合作社的成员。但是,具有管理公共事务职能的单位不得加入农民专业合作社。

成员分为自然人和单位,自然人又分为农民和城镇居民,单位又分为企业和非企业单位,自然人以个人作为一名合作社成员,单位以整体作为一名合作社成员。《中华人民共和国农民专业合作社法》明确规定:农民专业合作社的成员中,农民至少应当占成员总数的百分之八十;成员总数二十人以下的,可以有一个企业、事业单位或者社会组织成员;成员总数超过二十人的,企业、事业单位和社会组织成员不得超过成员总数的百分之五。农民专业合作社成员的权利和义务如下所述。

合作社成员权利

1. 参加成员大会,并享有表决权、选举权和被选举权,本社成员大会选举和表决实行一人一票制,成员各享有一票基本表决权;出资额或者与本社交易量(额)较大的成员按照章程规定,可以享有附加表决权,附加表决权总票数不得超过本社成员基本表决权总票数的百分之二十;
2. 利用本社提供的服务和生产经营设施;
3. 按照章程规定或者成员大会决议分享本社盈余;
4. 查阅本社章程、成员名册、成员大会记录、理事会会议决议、监事会会议决议、财务会计报告和会计账簿;
5. 对本社的工作提出质询、批评和建议;
6. 提议召开临时成员大会;
7. 自由提出退社声明,依照章程规定退出本社;
8. 成员共同议决的其他权利。

合作社成员义务

1. 遵守本社章程和各项规章制度,执行成员大会和理事会的决议;
2. 按照章程规定向本社出资;
3. 积极参加本社各项业务活动,接受本社提供的技术指导,按照本社规定的质量标准和生产技术规程从事生产,履行与本社签订的业务合同,发扬互助协作精神,谋求共同发展;
4. 维护本社利益,爱护生产经营设施,保护本社成员共有财产;
5. 不从事损害本社成员共同利益的活动。

2.1.2 农民专业合作社章程

章程是组织、社团经特定的程序制定的关于组织规程和办事规则的规范性文书,是一种根本性的规章制度。

(1)农民专业合作社章程应当载明事项 如图2-1所示。

(2)农民专业合作社示范章程 为切实贯彻落实新修订的《中华人民共和国农民专业合作社法》,准确体现法律修订设立农民专业合作社联合社专章的目的,为广大农民专业合作社制定符合法律要求和自身特点的章程提供参照和遵循,农业农村部发布了农民专业合作社示范章程,内容如下。

农民专业合作社示范章程

农民专业合作社根据自身实际情况,参照本示范章程制订和修正本社章程。

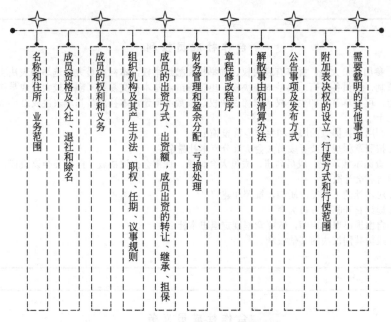

图2-1 农民专业合作社章程应载明事项

_____专业合作社章程

【____年____月____日召开设立大会，由全体设立人一致通过】

第一章 总 则

第一条 为保护成员的合法权益，增加成员收入，促进本社发展，依照《中华人民共和国农民专业合作社法》和有关法律、法规、政策，制定本章程。

第二条 本社由_____【注：全部发起人姓名或名称】等____人发起，于____年____月____日召开设立大会。

本社名称：_____合作社，成员出资总额_____元。

本社法定代表人：_____【注：理事长姓名】。

本社住所：_____，邮政编码：_____。

第三条 本社以服务成员、谋求全体成员的共同利益为宗旨。成员入社自愿，退社自由，地位平等，民主管理，实行自主经营，自负盈亏，利益共享，风险共担，盈余主要按照成员与本社的交易量（额）比例返还。

第四条 本社以成员为主要服务对象，依法为成员提供农业生产资料的购买，农产品的销售、加工、运输、贮藏以及与农业生产经营有关的技术、信息等服务。主要业务范围如下【注：根据实际情况填写】：

（一）组织采购、供应成员所需的生产资料；

（二）组织收购、销售成员生产的产品；

（三）开展成员所需的运输、贮藏、加工、包装等服务；

（四）引进新技术、新品种，开展技术培训、技术交流和咨询服务；

……

上述内容应与工商行政管理部门颁发的《农民专业合作社法人营业执照》中规定的主要业务内容相符。

第五条 本社对由成员出资、公积金、国家财政直接补助、他人捐赠以及合法取得的其他资产所形成的财产，享有占有、使用和处分的权利，并以上述财产对债务承担责任。

第六条 本社每年提取的公积金，按照成员与本社业务交易量（额）【注：或者出资额，也可以二者相结合】依比例量化为每个成员所有的份额。由国家财政直接补助和他人捐赠形成的财产平均量化为每个成员的份额，作为可分配盈余分配的依据之一。

本社为每个成员设立个人账户，主要记载该成员的出资额、量化为该成员的公积金份额以及该成员与本社的业务交易量（额）。

本社成员以其个人账户内记载的出资额和公积金份额为限对本社承担责任。

第七条 经成员大会讨论通过，本社投资兴办与本社业务内容相关的经济实体；接受与本社业务有关的单位委托，办理代购代销等中介服务；向政府有关部门申请或者接受政府有关部门委托，组织实施国家支持发展农业和农村经济的建设项目；按决定的数额和方式参加社会公益捐赠【注：上述业务农民专业合作社可选择进行】。

第八条 本社及全体成员遵守社会公德和商业道德，依法开展生产经营活动。

第二章 成　　员

第九条 具有民事行为能力的公民，从事＿＿＿＿＿＿【注：业务范围内的主业农副产品名称】生产经营，能够利用并接受本社提供的服务，承认并遵守本章程，履行本章程规定的入社手续的，可申请成为本社成员。本社吸收从事与本社业务有直接关系的生产经营活动的企业、事业单位或者社会团体为团体成员【注：农民专业合作社可以根据自身发展的实际情况决定是否吸收团体成员】。具有管理公共事务职能的单位不得加入本社。本社成员中，农民成员至少占成员总数的80%。

【注：农民专业合作社章程还可以规定入社成员的其他条件，如具有一定的生产经营规模或经营服务能力等。具体可表述为：养殖规模达到＿＿＿＿以上或者种植规模达到＿＿＿＿以上，……】

第十条 凡符合前条规定，向本社理事会【注：或者理事长】提交书面入社申请，经成员大会【注：或者理事会】审核并讨论通过者，即成为本社成员。

第十一条 本社成员的权利：

（一）参加成员大会，并享有表决权、选举权和被选举权；

（二）利用本社提供的服务和生产经营设施；

（三）按照本章程规定或者成员大会决议分享本社盈余；

（四）查阅本社章程、成员名册、成员大会记录、理事会会议决议、监事会会议决议、财务会计报告和会计账簿；

（五）对本社的工作提出质询、批评和建议；

（六）提议召开临时成员大会；

（七）自由提出退社声明，依照本章程规定退出本社；

（八）成员共同议决的其他权利【注：如不作具体规定此项可删除】。

第十二条 本社成员大会选举和表决，实行一人一票制，成员各享有一票基本表决权。

出资额占本社成员出资总额百分之＿＿＿以上或者与本社业务交易量（额）占本社总交易量（额）百分之＿＿＿以上的成员，在本社＿＿＿＿＿等事项【注：如重大财产处置、投资兴办经济实体、对外担保和生产经营活动中的其他事项】决策方面，最多享有＿＿＿＿票的附加表决权【注：附加表决权总票数，依法不得超过本社成员基本表决权总票数的20%】。享有附加表决权的成员及其享有的附加表决权数，在每次成员大会召开时告知出席会议的成员。

第十三条 本社成员的义务：

（一）遵守本社章程和各项规章制度，执行成员大会和理事会的决议；

（二）按照章程规定向本社出资；

（三）积极参加本社各项业务活动，接受本社提供的技术指导，按照本社规定的质量标准和生产技术规程从事生产，履行与本社签订的业务合同，发扬互助协作精神，谋求共同发展；

（四）维护本社利益，爱护生产经营设施，保护本社成员共有财产；

（五）不从事损害本社成员共同利益的活动；

（六）不得以其对本社或者本社其他成员所拥有的债权，抵销已认购或已认购但尚未缴清的出资额；不得以已缴纳的出资额，抵销其对本社或者本社其他成员的债务；

（七）承担本社的亏损；

（八）成员共同议决的其他义务【注：如不作具体规定此项可删除】。

第十四条 成员有下列情形之一的，终止其成员资格：

（一）主动要求退社的；

（二）丧失民事行为能力的；

（三）死亡的；

（四）团体成员所属企业或组织破产、解散的；

（五）被本社除名的。

第十五条 成员要求退社的，须在会计年度终了的3个月前向理事会提出书面声明，方可办理退社手续；其中，团体成员退社的，须在会计年度终了的6个月前提出。退社成员的成员资格于该会计年度结束时终止。资格终止的成员须分摊资格终止前本社的亏损及债务。

成员资格终止的，在该会计年度决算后_____个月内【注：不应超过3个月】，退还记载在该成员账户内的出资额和公积金份额。如本社经营盈余，按照本章程规定返还其相应的盈余所得；如经营亏损，扣除其应分摊的亏损金额。

成员在其资格终止前与本社已订立的业务合同应当继续履行【注：也可以依照退社时与本社的约定确定】。

第十六条 成员死亡的，其法定继承人符合法律及本章程规定的条件的，在_____个月内提出入社申请，经成员大会【注：或者理事会】讨论通过后办理入社手续，并承继被继承人与本社的债权债务。否则，按照第十五条的规定办理退社手续。

第十七条 成员有下列情形之一的，经成员大会【注：或者理事会】讨论通过予以除名：

（一）不履行成员义务，经教育无效的；

（二）给本社名誉或者利益带来严重损害的；

（三）成员共同议决的其他情形【注：如不作具体规定此项可删除】。

本社对被除名成员，退还记载在该成员账户内的出资额和公积金份额，结清其应承担的债务，返还其相应的盈余所得。因前款第二项被除名的，须对本社作出相应赔偿。

第三章　组织机构

第十八条 成员大会是本社的最高权力机构，由全体成员组成。

成员大会行使下列职权：

（一）审议、修改本社章程和各项规章制度；

（二）选举和罢免理事长、理事、执行监事或者监事会成员；

（三）决定成员入社、退社、继承、除名、奖励、处分等事项【注：如设立理事会此项可删除】；

（四）决定成员出资标准及增加或者减少出资；

（五）审议本社的发展规划和年度业务经营计划；

（六）审议批准年度财务预算和决算方案；

（七）审议批准年度盈余分配方案和亏损处理方案；

（八）审议批准理事会、执行监事或者监事会提交的年度业务报告；

（九）决定重大财产处置、对外投资、对外担保和生产经营活动中的其他重大事项；

（十）对合并、分立、解散、清算和对外联合等作出决议；

（十一）决定聘用经营管理人员和专业技术人员的数量、资格、报酬和任期；

（十二）听取理事长或者理事会关于成员变动情况的报告；

（十三）决定其他重大事项【注：如不作具体规定此项可删除】。

第十九条 本社成员超过150人时，每_____名成员选举产生1名成员代表，组成成员代表大会。成员代表大会履行成员大会的_____、_____等【注：部分或者全部】职权。成员代表任期_____年，可以连选连任【注：成员总数达到150人的农民专业合作社可以根据自身发展的实际情况决定是否设立成员代表大会。如不设立，此条可删除】。

第二十条 本社每年召开_____次成员大会【注：至少于会计年度末召开1次成员大会】。成员大会由_____【注：理事长或者理事会】负责召集，并提前15日向全体成员通报会议内容。

第二十一条 有下列情形之一的，本社在20日内召开临时成员大会：

（一）30%以上的成员提议；

（二）执行监事或者监事会提议【注：如不设立执行监事或监事会，此项可删除】；

（三）理事会提议；

（四）成员共同议决的其他情形【注：如不作具体规定此项可删除】。

理事长【注：或者理事会】不能履行或者在规定期限内没有正当理由不履行职责召集临时成员大会的，执行监事或者监事会在_____日内召集并主持临时成员大会【注：如不设立执行监事或监事会，此款可删除】。

第二十二条 成员大会须有本社成员总数的2/3以上出席方可召开。成员因故不能参加成员大会，可以书面委托其他成员代理。1名成员最多只能代理_____名成员表决。

成员大会选举或者作出决议，须经本社成员表决权总数过半数通过；对修改本社章程，改变成员出资标准，增加或者减少成员出资，合并、分立、解散、清算和对外联合等重大事项作出决议的，须经成员表决权总数2/3以上的票数通过。成员代表大会的代表以其受成员书面委托的意见及表决权数，在成员代表大会上行使表决权。

第二十三条　本社设理事长1名，为本社的法定代表人。理事长任期＿＿年，可连选连任。

理事长行使下列职权：

（一）主持成员大会，召集并主持理事会会议；

（二）签署本社成员出资证明；

（三）签署聘任或者解聘本社经理、财务会计人员和其他专业技术人员聘书；

（四）组织实施成员大会和理事会决议，检查决议实施情况；

（五）代表本社签订合同等；

（六）履行成员大会授予的其他职权【注：如不作具体规定此项可删除】。

第二十四条　本社设理事会，对成员大会负责，由＿＿名成员组成，设副理事长＿＿人。理事会成员任期＿＿年，可连选连任。

理事会【注：或者理事长】行使下列职权：

（一）组织召开成员大会并报告工作，执行成员大会决议；

（二）制订本社发展规划、年度业务经营计划、内部管理规章制度等，提交成员大会审议；

（三）制定年度财务预决算、盈余分配和亏损弥补等方案，提交成员大会审议；

（四）组织开展成员培训和各种协作活动；

（五）管理本社的资产和财务，保障本社的财产安全；

（六）接受、答复、处理执行监事或者监事会提出的有关质询和建议；

（七）决定成员入社、退社、继承、除名、奖励、处分等事项【注：如不设立理事会此项可删除】；

（八）决定聘任或者解聘本社经理、财务会计人员和其他专业技术人员；

（九）履行成员大会授予的其他职权【注：如不作具体规定此项可删除】。

第二十五条　理事会会议的表决，实行1人1票。重大事项集体讨论，并经2/3以上理事同意方可形成决定。理事个人对某项决议有不同意见时，其意见记入会议记录并签名。理事会会议邀请执行监事或者监事长、经理和＿＿名成员代表列席，列席者无表决权。

【注：农民专业合作社可以根据自身发展的实际情况决定是否设立理事会。如不设立理事会，第二十四条第一款、第二十五条中的相关内容可删除】

第二十六条　本社设执行监事1名，代表全体成员监督检查理事会和工作人员的工作。执行监事列席理事会会议。

第二十七条 本社设监事会,由____名监事组成,设监事长1人,监事长和监事会成员任期____年,可连选连任。监事长列席理事会会议。

监事会【注：或者执行监事】行使下列职权：

（一）监督理事会对成员大会决议和本社章程的执行情况；

（二）监督检查本社的生产经营业务情况，负责本社财务审核监察工作；

（三）监督理事长或者理事会成员和经理履行职责情况；

（四）向成员大会提出年度监察报告；

（五）向理事长或者理事会提出工作质询和改进工作的建议；

（六）提议召开临时成员大会；

（七）代表本社负责记录理事与本社发生业务交易时的业务交易量（额）情况；

（八）履行成员大会授予的其他职责【注：如不作具体规定此项可删除】。

卸任理事须待卸任____年后【注：填写本章程第二十三条规定的理事长任期】方能当选监事。

第二十八条 监事会会议由监事长召集，会议决议以书面形式通知理事会。理事会在接到通知后____日内就有关质询作出答复。

第二十九条 监事会会议的表决实行1人1票。监事会会议须有2/3以上的监事出席方能召开。重大事项的决议须经2/3以上监事同意方能生效。监事个人对某项决议有不同意见时，其意见记入会议记录并签名。

【注：农民专业合作社可以根据自身发展的实际情况决定是否设执行监事和监事会。如不设立，第二十七条、第二十八条、第二十九条相关内容可删除】

第三十条 本社经理由理事会【注：或者理事长】聘任或者解聘，对理事会【注：或者理事长】负责，行使下列职权：

（一）主持本社的生产经营工作，组织实施理事会决议；

（二）组织实施年度生产经营计划和投资方案；

（三）拟订经营管理制度；

（四）提请聘任或者解聘财务会计人员和其他经营管理人员；

（五）聘任或者解聘除应由理事会聘任或者解聘之外的经营管理人员和其他工作人员；

（六）理事会授予的其他职权【注：如不作具体规定此项可删除】。

本社理事长或者理事可以兼任经理。

第三十一条 本社现任理事长、理事、经理和财务会计人员不得兼任监事。

第三十二条 本社理事长、理事和管理人员不得有下列行为：

（一）侵占、挪用或者私分本社资产；

（二）违反章程规定或者未经成员大会同意，将本社资金借贷给他人或者以本社资产为他人提供担保；

（三）接受他人与本社交易的佣金归为己有；

（四）从事损害本社经济利益的其他活动；

（五）兼任业务性质相同的其他农民专业合作社的理事长、理事、监事、经理。

理事长、理事和管理人员违反前款第（一）项至第（四）项规定所得的收入，归本社所有；给本社造成损失的，须承担赔偿责任。

第四章　财务管理

第三十三条　本社实行独立的财务管理和会计核算，严格按照国务院财政部门制定的农民专业合作社财务制度和会计制度核定生产经营和管理服务过程中的成本与费用。

第三十四条　本社依照有关法律、行政法规和政府有关主管部门的规定，建立健全财务和会计制度，实行每月____日【注：或者每季度第____月____日】财务定期公开制度。

本社财会人员应持有会计从业资格证书，会计和出纳互不兼任。理事会、监事会成员及其直系亲属不得担任本社的财会人员。

第三十五条　成员与本社的所有业务交易，实名记载于该成员的个人账户中，作为按交易量（额）进行可分配盈余返还分配的依据。利用本社提供服务的非成员与本社的所有业务交易，实行单独记账，分别核算。

第三十六条　会计年度终了时，由理事长【注：或者理事会】按照本章程规定，组织编制本社年度业务报告、盈余分配方案、亏损处理方案以及财务会计报告，经执行监事或者监事会审核后，于成员大会召开15日前，置备于办公地点，供成员查阅并接受成员的质询。

第三十七条　本社资金来源包括以下几项：

（一）成员出资；

（二）每个会计年度从盈余中提取的公积金、公益金；

（三）未分配收益；

（四）国家扶持补助资金；

（五）他人捐赠款；

（六）其他资金。

第三十八条　本社成员可以用货币出资，也可以用库房、加工设备、运输设备、农机具、农产品等实物、技术、知识产权或者其他财产权利作价出资，但不得以劳务、信用、自然人姓名、商誉、特许经营权或者设定担保的财产等作价出资。成员以非货币方式出资的，由全体成员评估作价。

第三十九条 本社成员认缴的出资额，须在____个月内缴清。

第四十条 以非货币方式作价出资的成员与以货币方式出资的成员享受同等权利，承担相同义务。

经理事长【注：或者理事会】审核，成员大会讨论通过，成员出资可以转让给本社其他成员。

第四十一条 为实现本社及全体成员的发展目标需要调整成员出资时，经成员大会讨论通过，形成决议，每个成员须按照成员大会决议的方式和金额调整成员出资。

第四十二条 本社向成员颁发成员证书，并载明成员的出资额。成员证书同时加盖本社财务印章和理事长印鉴。

第四十三条 本社从当年盈余中提取百分之____的公积金，用于扩大生产经营、弥补亏损或者转为成员出资。

【注：农民专业合作社可以根据自身发展的实际情况决定是否提取公积金】

第四十四条 本社从当年盈余中提取百分之____的公益金，用于成员的技术培训、合作社知识教育以及文化、福利事业和生活上的互助互济。其中，用于成员技术培训与合作社知识教育的比例不少于公益金数额的百分之____。

【注：农民专业合作社可以根据自身发展的实际情况决定是否提取公益金】

第四十五条 本社接受的国家财政直接补助和他人捐赠，均按本章程规定的方法确定的金额入账，作为本社的资金（产），按照规定用途和捐赠者意愿用于本社的发展。在解散、破产清算时，由国家财政直接补助形成的财产，不得作为可分配剩余资产分配给成员，处置办法按照国家有关规定执行；接受他人的捐赠，与捐赠者另有约定的，按约定办法处置。

第四十六条 当年扣除生产经营和管理服务成本、弥补亏损、提取公积金和公益金后的可分配盈余，经成员大会决议，按照下列顺序分配：

（一）按成员与本社的业务交易量（额）比例返还，返还总额不低于可分配盈余的百分之____【注：依法不低于60%，具体比例由成员大会讨论决定】；

（二）按前项规定返还后的剩余部分，以成员账户中记载的出资额和公积金份额，以及本社接受国家财政直接补助和他人捐赠形成的财产平均量化到成员的份额，按比例分配给本社成员，并记载在成员个人账户中。

第四十七条 本社如有亏损，经成员大会讨论通过，用公积金弥补，不足部分也可以用以后年度盈余弥补。

本社的债务用本社公积金或者盈余清偿，不足部分依照成员个人账户中记载的财产份额，按比例分担，但不超过成员账户中记载的出资额和公积金份额。

第四十八条 执行监事或者监事会负责本社的日常财务审核监督。根据成员大会【注：或者理事会】的决定【注：或者监事会的要求】，本社委托_____审计机构对本社财务进行年度审计、专项审计和换届、离任审计。

第五章 合并、分立、解散和清算

第四十九条 本社与他社合并，须经成员大会决议，自合并决议作出之日起10日内通知债权人。合并后的债权、债务由合并后存续或者新设的组织承继。

第五十条 经成员大会决议分立时，本社的财产作相应分割，并自分立决议作出之日起10日内通知债权人。分立前的债务由分立后的组织承担连带责任。但是，在分立前与债权人就债务清偿达成的书面协议另有约定的除外。

第五十一条 本社有下列情形之一，经成员大会决议，报登记机关核准后解散：

（一）本社成员人数少于5人；

（二）成员大会决议解散；

（三）本社分立或者与其他农民专业合作社合并后需要解散；

（四）因不可抗力因素致使本社无法继续经营；

（五）依法被吊销营业执照或者被撤销；

（六）成员共同议决的其他情形【注：如不作具体规定此项可删除】。

第五十二条 本社因前条第一项、第二项、第四项、第五项、第六项情形解散的，在解散情形发生之日起15日内，由成员大会推举____名成员组成清算组接管本社，开始解散清算。逾期未能组成清算组时，成员、债权人可以向人民法院申请指定成员组成清算组进行清算。

第五十三条 清算组负责处理与清算有关未了结业务，清理本社的财产和债权、债务，制定清偿方案，分配清偿债务后的剩余财产，代表本社参与诉讼、仲裁或者其他法律程序，并在清算结束后，于____日内向成员公布清算情况，向原登记机关办理注销登记。

第五十四条 清算组自成立起10日内通知成员和债权人，并于60日内在报纸上公告。

第五十五条 本社财产优先支付清算费用和共益债务后，按下列顺序清偿：

（一）与农民成员已发生交易所欠款项；

（二）所欠员工的工资及社会保险费用；

（三）所欠税款；

（四）所欠其他债务；

（五）归还成员出资、公积金；

（六）按清算方案分配剩余财产。

清算方案须经成员大会通过或者申请人民法院确认后实施。本社财产不足以清偿债务时，依法向人民法院申请破产。

第六章 附 则

第五十六条 本社需要向成员公告的事项，采取_____方式发布，需要向社会公告的事项，采取_____方式发布。

第五十七条 本章程由设立大会表决通过，全体设立人签字后生效。

第五十八条 修改本章程，须经半数以上成员或者理事会提出，理事长【注：或者理事会】负责修订，成员大会讨论通过后实施。

第五十九条 本章程由本社理事会【注：或者理事长】负责解释。

全体设立人签名、盖章：

2.1.3 农民专业合作社组织机构

2.1.3.1 权力机构

成员大会是农民专业合作社的权力机构，由全体成员组成，行使下列职权：

（1）修改章程；

（2）选举和罢免理事长、理事、执行监事或者监事会成员；

（3）决定重大财产处置、对外投资、对外担保和生产经营活动中的其他重大事项；

（4）批准年度业务报告、盈余分配方案、亏损处理方案；

（5）对合并、分立、解散、清算，以及设立、加入联合社等作出决议；

（6）决定聘用经营管理人员和专业技术人员的数量、资格和任期；

（7）听取理事长或者理事会关于成员变动情况的报告，对成员的入社、除名等作出决议；

（8）公积金的提取及使用；

（9）章程规定的其他职权。

成员大会应按章程规定召开，并遵循如下法律要求：

（1）成员大会召开时出席人数应当达到成员总数的三分之二以上；

（2）成员大会选举或者作出决议，应当由本社成员表决权总数过半数通过；

（3）作出修改章程或者合并、分立、解散，以及设立、加入联合社的决议应当由本社成员表决权总数的三分之二以上通过；

（4）成员大会每年至少召开一次，会议的召集由章程规定；

（5）召开临时成员大会需有百分之三十以上的成员、执行监事、监事会三者之一提议，并在提议的二十日内召开；

（6）农民专业合作社成员超过一百五十人的，可以按照章程规定设立成员代表大会并按照章程规定可以行使成员大会的部分或者全部职权，成员代表人数一般为成员总人数的百分之十，最低人数为五十一人。

2.1.3.2 管理机构

农民专业合作社设理事长一名作为本社的法定代表人，可以设理事会、理事、执行监事或者监事会、经理和财务会计人员。理事长、理事、执行监事或者监事会成员需由成员大会从本社成员中选举产生。理事会会议、监事会会议的表决，实行一人一票。

农民专业合作社理事长职责：

（1）领导理事会工作，召集和主持理事会会议；

（2）接受成员大会、理事会的临时授权，处理事务；

（3）拟定合作社总体发展目标、制度和计划，负责合作社全面工作；

（4）负责组织召开理事会会议，提名产生合作社下设机构组成人员，讨论社员的入社、退社、除名、继承等事项，研究制定其他重大事项；

（5）组织合作社开展各项工作，带动社员增收；

（6）组织实施合作社的各项规划，及时解决出现的与合作社章程相违背的有关重大事宜；

（7）负责合作社的财务管理；

（8）签署本社成员出资证明、重要合同等相关重要文件；

（9）签署聘任或者解聘本社经理、财务会计和其他专业技术人员聘书；

（10）组织实施成员大会和理事会决议，检查决议实施情况，并向理事会报告；

（11）在经营过程中对于突发事件享有紧急处置权，结果符合本社利益，事后及时向成员大会、理事会报告；

（12）审定本社发展规划和经营方针，批准本社的机构设置；

（13）审议本社的年度财务预、决算报告；

（14）代表本社签订合同等。

农民专业合作社监事会职责：

（1）监督理事会对社员（代表）大会决议和本社章程的执行情况；

（2）监督检查本社的生产经营业务情况，负责本社财务审核监察工作；

（3）监督理事会成员和本社职员履行职责情况；

（4）向社员（代表）大会提出年度监察报告；

（5）向理事会提出工作质询和改进工作的建议；

（6）提议召开临时社员（代表）大会；

（7）监事长列席理事会会议；

（8）履行社员（代表）大会授予的其他职责。

农民专业合作社理事会职责：

（1）组织召开社员代表大会，并报告工作，执行社员代表大会决议；

（2）制定本社发展规划、年度业务经营计划、内部管理规章制度，提交社员代表大会审议；

（3）制定年度财务决算、盈余分配和亏损弥补方案，提交社员代表大会审议；

（4）讨论决定合作社内部业务机构的设置；

（5）组织本社社员参加培训和各种协作事宜；

（6）管理本社的资产和财务，保障本组织的财产安全；

（7）接受答复，处理监事会提出的有关质询和建议；

（8）讨论决定本社社员退社、除名、继承等事项；

（9）聘用和解聘本社的工作人员；

（10）讨论决定对本社社员和工作人员的奖励和处分；

（11）代表本社签订合同；

（12）履行社员（代表）大会授予的其他职责。

经理是农民专业合作社的选设机构，可以设立，也可以不设立。农民专业合作社的理事长或者理事会可以按照成员大会的决定聘任经理和财务会计人员，理事长或者理事可以兼任经理。经理按照章程规定或者理事会的决定，可以聘任其他人员。经理按照章程规定和理事长或者理事会授权，负责具体生产经营活动，在理事会的授权下，执行理事会决议，完成理事会交给的任务，维持合作社的正常运转。

合作社的理事长、理事、经理不得兼任业务性质相同的其他农民专业合作社的理事长、理事、监事、经理。执行与农民专业合作社业务有关公务的人员，不得担任农民专业合作社的理事长、理事、监事、经理或者财务会计人员。

2.1.4　农民专业合作社名称和住所

（1）名称　一般来说，农民专业合作社名称依次由行政区划、字号、行业、组织形式组成，组织形式应当标明"专业合作社"字样（图2-2），例如："山东青岛丰润果品专业合作社"，行政区划为山东青岛、字号为丰润、行业为果品、组织形式为专业合作社。

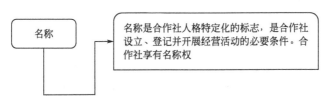

图2-2　合作社名称

每个农民专业合作社只准使用一个名称，在登记机关辖区内不得与已登记注册的同行业农民专业合作社名称相同。农民专业合作社的名称依法享有名称权，并以集资的名义从事生产经营活动，其名称受到相关法律的保护，任何个人和单位不得侵犯。

（2）住所　经工商行政管理机关登记的农民专业合作社的住所只能有一个，其住所可以是专门的场所，也可以是某个成员的家庭住址，这也是由农民专业合作社的组织特征和服务内容所决定的。合作社的住所应当在登记机关管辖区域内（图2-3）。

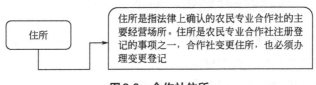

图2-3　合作社住所

2.1.5　农民专业合作社资金

资金是农民专业合作社从事经营活动的基础，其来源如图2-4所示。

其中成员出资的方式中，包括本社成员可以用货币出资，也可以用库房、加工设备、运输设备、农机具、农产品等实物以及技术、知识产权或者其他财产权利作价出资，但不得以劳务、信用、自然人姓名、商誉、特许经营权或者设定担保的财产等作价出资。成员以非货币方式出资的，由全体成员评估作价。

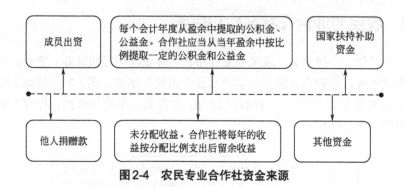

图 2-4 农民专业合作社资金来源

以非货币方式作价出资的成员与以货币方式出资的成员享受同等权利，承担相同义务，成员出资经审核同意后可以转让给本社其他成员，合作社按实际出资向本社成员颁发成员证书，并载明成员的出资额。

2.2 设立程序

成立农民专业合作社的成员、章程、名称、住址、资金等基本条件成熟后，即可到登记机关注册登记，登记机关应当自受理登记申请之日起二十日内办理完毕，向符合登记条件的申请者颁发营业执照，登记类型为农民专业合作社。

2.2.1 农民专业合作社经营执照的申领

合作社成员代表携带相关材料到工商行政管理部门办理执照，依据《合作社登记管理条例》应提供如下材料：

（1）农民专业合作社登记申请书　如表 2-1 所示。

表 2-1　农民专业合作社设立登记申请书

名称			
备选名字（请选用不同字号）	1.		
	2.		
住所	邮政编码		联系方式	

续表

成员出资总额	（元）
业务范围	
法定代表人姓名	

成员总数：_____名
其中：农民成员_____名，所占比例_____%
企业、事业单位或社会团体成员_____名，所占比例_____%

本农民专业合作社依照《中华人民共和国农民专业合作社法》《中华人民共和国农民专业合作社登记管理条例》设立，提交材料文件真实有效。谨对真实性承担责任。
法定代表人签名：
　　　　　　　　　　　　　　　　　　　　　　　年　月　日

填写农民专业合作社设立登记申请书说明：

① 经办人为农民专业合作社全体设立人指定代表或者委托代理人。

② 农民专业合作社名称依次由行政区划、字号、行业、组织形式组成，不得使用县级以上行政区划名称作字号。

③ 住所填写应当标明住所所在县（市、区）、乡（镇）及村、街道的门牌号码。

④ 农民专业合作社申请登记的业务范围中如有法律、行政法规和国务院决定规定必须在登记前报经批准的项目，应当提交有关的许可证书或者批准文件复印件。

⑤ 农民专业合作社设立时自愿成为该社成员的人为设立人。

⑥ 提交文件、证件复印件应当使用A4纸。

⑦ 应当使用钢笔、毛笔或者签字笔工整地填写表格或签名。

（2）全体设立人签名、盖章的设立大会纪要　如表2-2所示。

表2-2　农民专业合作社设立大会纪要

******专业合作社设立大会纪要

大会时间：　　年　月　日
大会地点：
参会人员：
大会议程：
一、一致通过本合作社章程。
二、成立理事会、监事会。

续表

大会内容： 一、全体成员通过合作社章程。 二、选举＊＊＊为合作社理事会理事长，选举＊＊＊＊＊＊＊为合作社理事。 三、选举＊＊＊为合作社监事会监事长，选举＊＊＊＊＊＊＊为合作社监事。 四、任命＊＊＊为合作社法定代表人。 设立人签字（盖章）：   年　　月　　日

注：自然人签署姓名，单位成员加盖公章。

（3）全体设立人签名、盖章的章程　格式和填写要求如前述内容中的《示范章程》。

（4）法定代表人、理事的任职文件和身份证明　格式如表2-3和表2-4所示。

表2-3　理事任命书

任命书
根据本社设立大会决议，任命＊＊＊为本社法定代表人。任命＊＊＊＊＊＊＊为本社理事会理事。   设立人签名（盖章）： 年　　月　　日

表2-4　身份证明表

姓名		联系电话	
家庭住址		邮政编码	
居民身份证号码			
（身份证复印件粘贴处）			

续表

《中华人民共和国农民专业合作社法》规定：理事长、理事、经理和财务会计人员不得兼任监事；理事长或者理事可以兼任经理；农民专业合作社的理事长、理事、经理不得兼任业务性质相同的其他农民专业合作社的理事长、理事、监事、经理；执行与农民专业合作社业务有关公务的人员，不得担任农民专业合作社的理事长、理事、监事、经理或者财务会计人员。 本人符合《中华人民共和国农民专业合作社法》第三十条、第三十七条、第三十八条规定，并对此承诺的真实性承担责任。 签字（盖章）： 　　　　　　　　　　　　　　　　　　　　　　　　　　年　月　日

（5）全体出资成员签名、盖章予以确认的出资清单　只要有出资成员签名、盖章即可，无需其他机构的验资证明。格式如表2-5所示。

表2-5　农民专业合作社成员出资清单

序号	出资成员姓名或名称	出资方式	出资额/元	签名或盖章
1				
2				
3				
4				
5				
6				
...				

成员出资总额：_____（元）

法定代表人签名：

　　　　　　　　　　　　　　　　　　　　　　　　年　月　日

填写农民专业合作社成员出资清单说明：

① 农民专业合作社成员以货币作为出资的填写"货币"，以实物、林权、知识产权等可以用货币估价并可以依法转让的非货币财产作为出资的，出资方

式填写非货币财产的具体种类,如房屋、农业机械、注册商标等。

② 出资额是成员以货币出资的数额,或者成员以非货币财产出资由全体成员评估作价的货币数额。

③ 出资成员是自然人的由其签名,是单位的由其盖章。单位盖章可以加盖在出资清单的空白处。

④ 因出资成员多出资清单写不下的,可另备页面载明。

⑤ 应当使用钢笔、毛笔或签字笔工整地填写表格和签名。

(6)法定代表人签署的成员名册和成员身份证明复印件 格式如表2-6和表2-7所示。

表2-6 农民专业合作社成员名册

序号	成员姓名或名称	证件名称及号码	住所	成员类型
1				
2				
3				
4				
5				
…				

成员总数:_____(名)

其中:农民成员_____(名),所占比例____%;

企业、事业单位和社会团体成员_____(名),所占比例____%

本农民专业合作社的成员符合《农民专业合作社登记管理条例》第十九条、第二十条的规定,并对此承诺的真实性承担责任。

法定代表人签名:

年 月 日

表2-7 农民专业合作社入社申请书

_____专业合作社入社申请表

<table>
<tr><td rowspan="6">本人情况</td><td>姓名</td><td></td><td>性别</td><td></td><td>年龄</td><td></td></tr>
<tr><td>文化程度</td><td></td><td>政治面貌</td><td></td><td>民族</td><td></td></tr>
<tr><td>家庭住址</td><td colspan="5"></td></tr>
<tr><td>身份证号码</td><td colspan="2"></td><td>联系电话</td><td colspan="2"></td></tr>
<tr><td>入社股金</td><td colspan="2"></td><td>家庭人口</td><td colspan="2"></td></tr>
<tr><td>经营项目</td><td colspan="2"></td><td>经营规模</td><td colspan="2"></td></tr>
<tr><td>入社申请</td><td colspan="6">_____专业合作社：
　　我自愿加入_____专业合作社，遵守本社章程、制度，执行本社各项决议，履行成员义务，接受合作社的指导与管理，维护本社的权益与声誉，共同推进本社发展。
　　申请人：
　　　　　　　　　　　　　　　　　　　　　　　　　　年　　月　　日</td></tr>
<tr><td>理事会意见</td><td colspan="6">经____年____月____日理事会研究，同意____加入本社。
　　理事会主席（签章）：
　　　　　　　　　　　　　　　　　　　　　　　　　　年　　月　　日</td></tr>
</table>

填写农民专业合作社成员名册说明：

① 单位成员主体资格符合《农民专业合作社登记管理条例》第十三条规定条件的企业、事业单位或者社会团体，可以成为农民专业合作社的成员。企业、事业单位或者社会团体的分支机构不得作为农民专业合作社的成员。农业植保站、农业技术推广站、畜牧检疫站以及卫生防疫站、水文检测站等具有管理公共事务职能的单位不得成为农民专业合作社成员。

② 成员为自然人的证件名称及号码填写"居民身份证"及其号码，成员为单位的证件名称及号码填写主体资格证书及其代码。

③ 成员为自然人的住所为现住所，成员为单位的住所为登记证书上载明的住所。

④ 成员类型分为农民成员、非农民成员和单位成员（企业、事业单位或社会团体）三类。

⑤成员身份证明复印件，农民成员应当提交农业人口户口簿复印件，因地方户籍制度改革等原因不能提交农业人口户口簿复印件的，可以提交居民身份证复印件，以及土地承包经营权证复印件或者村民委员会出具的身份证明。非农民成员应当提交居民身份证复印件。企业、事业单位或者社会团体成员应当提交其登记机关颁发的企业营业执照或者登记证书复印件。成员身份证明复印件可另备页面粘贴。

⑥《农民专业合作社成员名册》写不下的，可另备页面载明。

⑦证件复印件应当注明"与原件一致"并由本人签名或者单位盖章。

⑧提交文件、证件复印件应当使用A4纸。

⑨应当使用钢笔、毛笔或签字笔工整地填写表格或签名。

（7）住所使用证明　需要住所及营业场所使用证明、房屋使用协议书、住所（经营场所）登记表三个证明文件，格式分别如表2-8～表2-10所示。

表2-8　住所及营业场所使用证明

住所及营业场所使用证明
工商行政管理局： 　　我单位开办的*农民专业合作社，地址在＿＿＿＿＿＿＿＿＿＿，共有面积＿＿＿＿平方米。 　　以上经营场所所有权＿＿＿＿＿所有，属无偿使用，使用期限自　　年　月　日起至　　年　　月　　日止。 　　附：房屋使用协议书1份。 使用单位负责人签字：　　　　　　　　　　证明单位负责人签字： 　　　　年　月　日　　　　　　　　　　　　　　年　月　日

表2-9　房屋使用协议书

房屋使用协议
甲方：***专业合作社　　　　　代表： 乙方： 　　为了推进***合作社的建设与发展，使之有一个良好的办公场所和活动场所，更好地为全体社员服务，经甲乙双方协商同意，签订如下房屋使用协议。 　　乙方在***拥有住房一栋，面积约180平方米，乙方同意将其中约120平方米的地方无偿提供给甲方办公和开展相关活动使用，使用期限自　　年　月　日至　年　月　日。使用期满后，若甲方需要继续使用，可经双方协商继续无偿使用。 甲方代表签字：　　　　　　　　　　　乙方代表签字： 　　　年　月　日　　　　　　　　　　　　　年　月　日

表2-10 住所（经营场所）登记表

非公司企业（公司）名称	
住所（经营场地）	

《中华人民共和国民法典》第二百七十九条规定：业主不得违反法律、法规以及管理规约，将住宅改变为经营性用房。业主将住宅改变为经营性用房的，除遵守法律、法规以及管理规约外，应当经有利害关系的业主一致同意。

本企业（公司）将住宅改变为经营性用房，作出如下承诺：
一、知悉《中华人民共和国物权法》的相关规定；
二、遵守有关房屋管理的法律、法规以及管理规约的规定；
三、已经经有利害关系的业主一致同意。

申请人：

（盖章或签字）

年　　月　　日

（8）指定代表或者委托代理人的证明　格式如表2-11所示。

表2-11　指定代表或者委托代理人的证明

证　　明	
指定代表或者委托代理人姓名： 指定代表或者委托代理人的权限：　　（到市场监督部门办理） 同意□　不同意□　修改有关表格的填写错误。 指定或者委托的有效期限：自　　年　　月　　日至　　年　　月　　日。	
指定代表或者委托代理人或者经办人信息	签字：
	固定电话：
	移动电话：
（指定代表或者委托代理人、具体经办人身份证明复印件粘贴处）	
委托人（全体设立人□　法定代表人□　清算组全体成员□） 签名或盖章： 　　　　　　　　　　　　　　　　　　　　　　　　　年　　月　　日	

第2章　农民专业合作社设立　｜　31

（9）合作社名称预先核准申请表及承诺书　格式如表2-12和表2-13所示。

表2-12　农民专业合作社名称预先核准申请表

农民专业合作社名称预先核准申请表		
申请名称		
备选名称（请选用不同的字号）		
原名称		
业务范围（只需要填写与名称行业表述一致的主要经营范围）		
住所		
成员出资总额		单位：元
设立人（成员）		
姓名或名称	成员类型	证照类别及号码
申请人姓名	联系电话	申请日期
登记机关意见	签字：　　　　　　　年　月　日	
备注		

填写农民专业合作社名称预先核准申请书说明：

① 农民专业合作社申请名称预先核准，应当向其住所所在地的登记机关提交：全体设立人指定代表或者委托代理人签署的《农民专业合作社名称预先核准申请书》，全体设立人签署的《指定代表或者委托代理人的证明》。

② 农民专业合作社名称依次由行政区划、字号、行业、组织形式组成。名称中的行政区划是指农民专业合作社住所所在地的县级以上（包括市辖区）行政区划名称。名称中的字号应当由2个以上的汉字组成，可以使用农民专业合作社成员的姓名作字号，不得使用县级以上行政区划名称作字号。名称中的行业用语应当反映农民专业合作社的业务范围或者经营特点。名称中的组织形式

应当标明"专业合作社"字样。名称中不得含有"协会""促进会""联合会"等具有社会团体性质的字样。

③ 农民专业合作社的业务范围包括:农业生产资料的购买,农产品的销售、加工、运输、贮藏以及与农业生产经营有关的技术、信息等服务。

表2-13 承诺书

承诺书
我们保证申请核准的名称中行业用语与经营范围主营业务性质一致,在今后的经营活动中,若与其他企业或农民专业合作社因名称引发争议或登记注册经营范围与名称申请经营范围或行业专用语有差异时,我们愿意无条件服从工商行政管理机关的决定,变更名称,并承担相应的法律责任。 全体设立人(成员)盖章或签字:

(10)业务范围涉及前置许可的文件 涉及登记前置许可的经营项目,如"农药生产经营""种畜禽生产经营"等,应当按照国家有关部门许可或者审批的经营项目核定业务范围并提交相应文件。

2.2.2 办理合作社公章

合作社执照下发后,到公安机关(或行政许可大厅公安特许窗口),依据《公安部印章管理办法》提交合作社法人营业执照复印件、法人代表身份证复印件、经办人身份证复印件等材料后刻印公章。目前专业合作社需要的公章有行政章、财务专用章、法人代表章共三枚。

2.2.3 办理合作社银行开户

公章刻印后,到任意一家商业银行(一般是农村信用社或农业银行),依据《银行账户管理办法》提交合作社法人营业执照及其复印件、法定代表人的身份证及其复印件、经办人员身份证明原件、相关授权文件办理账号和账户,以及电子结算密钥等。

2.2.4 政府机关登记备案

办理完银行手续后,需要到所在地乡镇政府的农业经济办公室办理登记,登记时需要携带营业执照、合作社简介(简介注明:理事会主席名字,电话,合作社办公地址，邮箱）等资料；最后要到市场监督部门备案，备案时需要提交法人营业执照复印件、组织机构代码证书复印件、农民专业合作社法人代表身份证复印件、税务登记证正副本复印件等资料。

2.3 农民专业合作社联合社的设立

2.3.1 农民专业合作社联合社概述

农民专业合作社联合社是指由三个以上农民专业合作社在自愿的基础上联合成立的经济组织。

走向联合是农民专业合作社发展的必然趋势。开展联合与合作以加大要素投入，推动要素融合为基础，实现各主体合理分工、稳定合作，以股份合作等方式形成紧密的利益共同体，让更多农户分享农业农村现代化发展成果。

农民专业合作社联合社依照《中华人民共和国农民专业合作社法》登记，取得法人资格，领取营业执照，有自己的名称、组织机构和住所，有联合社全体成员共同制定并承认的章程。

农民专业合作社联合社以其全部财产对该社的债务承担责任；农民专业合作社联合社的成员以其出资额为限对农民专业合作社联合社承担责任。

农民专业合作社联合社应当设立由全体成员参加的成员大会，其职权包括修改农民专业合作社联合社章程，选举和罢免农民专业合作社联合社理事长、理事和监事，决定农民专业合作社联合社的经营方案及盈余分配，决定对外投资和担保方案等重大事项。成员大会选举和表决实行一社一票。

农民专业合作社联合社不设成员代表大会，可以根据需要设立理事会、监事会或者执行监事。理事长、理事应当由成员社选派的人员担任。

发展农民专业合作社联合社的重要意义有：

① 联合社在农业生产资料的购买和农产品的销售上，可以更好地实现大规模购销，节约交易成本和费用，争得交易价格上的优惠，争取对外谈判的主动，让社员获得更多的经济实惠，其经营规模和效益是一般的农民专业合作社难以企及的。

② 联合社克服合作社难以适应大市场的矛盾，在一些地区和一些产业上携手联合，实现二次合作，有效避免恶性竞争。

③ 联合社可以解决单个合作社因势单力薄难以解决的问题，满足社员对服

务的多样化需求。如扩大农产品销售，实现产品直销功能；兴办农产品加工项目，实现加工增值功能；开展信用合作，实现资金互助功能等。

④ 联合社通过资金、资产、品牌、技术等要素的融合，可以降低交易成本、提高资源配置效率，使合作社变大、聚力、做实，达成互利共惠的联结机制。

联合社以成员社为主要服务对象，依法开展的业务可参见图1-2所示内容。

2.3.2 组建农民专业合作社联合社

组建农民专业合作社联合社一般由某一行政区域内性质相同、联系较多、有联合需要和联合协议的，三个以上的农民专业合作社发出组建倡议，组建程序与合作社的设立程序基本相同，成员以每一个合作社为单位，同样需要登记、注册和备案。

2018年12月农业农村部发布了《农民专业合作社联合社示范章程》，为广大农民专业合作社联合社制定符合法律要求和自身特点的章程提供了参照和遵循。示范章程如下：

农民专业合作社联合社示范章程

本示范章程中的【　】内文字为解释性规定。农民专业合作社联合社在遵守有关法律法规的前提下，可根据自身实际情况，参照本示范章程制定和修订本社章程。

＿＿＿＿＿＿专业合作社联合社章程

【＊＊＊年＊＊＊月＊＊＊日召开设立大会，由全体设立人一致通过。＿＿＿＿年＿＿＿月＿＿＿日召开成员大会第×××次修订通过】

第一章　总　　则

第一条　为促进本社规范运行和持续发展，保护本社及成员社的合法权益，增加成员社收入，增进成员社成员福利，依照《中华人民共和国农民专业合作社法》和有关法律、法规、政策，制定本章程。

第二条　本社由＿＿＿＿＿【注：列出全部发起人名称】等＿＿＿＿＿个【注：三个以上】农民专业合作社发起，于××××年××月××日召开设立大会。

本社名称：＊＊＊专业合作社联合社，成员出资总额＊＊＊元，其中货币出资额＊＊＊元，非货币出资额＊＊＊元【注：如有非货币出资请按具体出资内容分别注明，如以土地经营权作价出资＊＊＊元】。

单个成员社出资占比不得超过本社成员出资总额的百分之***。

本社法定代表人：_____【注：理事长姓名】。

本社住所：***，邮政编码：***。

第三条　本社成员均为农民专业合作社。本社以服务成员社、谋求全体成员社的共同利益为宗旨。成员入社自愿，退社自由，地位平等，民主管理，实行自主经营，自负盈亏，利益共享，风险共担，可分配盈余主要按照成员社与本社的交易量（额）比例返还。

第四条　本社成立的目的是扩大生产经营和服务规模，发展产业化经营，提高市场竞争力，不影响成员社依法享有的独立的经营权。本社以成员社为主要服务对象，依法开展以下业务：

（一）农业生产资料的购买、使用；

（二）农产品生产、销售、加工、运输、贮藏及其他相关服务；

（三）农村民间工艺及制品、休闲农业和乡村旅游资源的开发经营；

（四）与农业生产经营有关的技术、信息、设施建设运营等服务。

【注：根据实际情况填写，业务内容应与市场监督管理部门颁发的农民专业合作社联合社法人营业执照规定的业务范围一致】

第五条　经成员大会表决通过，本社依法向公司等企业投资；依法投资兴办_____公司。

第六条　经成员大会讨论并决议通过，本社可以接受与本社业务有关的单位委托，办理代购代销、代理记账等服务；可以向政府有关部门申请或者接受政府有关部门委托，组织实施国家支持发展农业和农村经济的建设项目；可以按决定的数额和方式参加社会公益捐赠。

第七条　本社及全体成员社遵守法律，遵守社会公德、商业道德，诚实守信，依法开展生产经营活动。本社不从事与本章程规定无关的活动。

第八条　本社对由成员出资、公积金、国家财政直接补助、他人捐赠以及合法取得的其他资产所形成的财产，享有占有、使用和处分的权利，并以上述全部财产对本社的债务承担责任。

第九条　本社为每个成员社设立成员账户，主要记载该成员社的出资额、量化为该成员社的公积金份额以及该成员社与本社的交易量（额）。成员社以其成员账户内记载的出资额为限对本社承担责任。

第二章　成　员

第十条　依照农民专业合作社法登记，取得农民专业合作社法人资格，从事×××【注：业务范围内的主业农副产品名称】生产经营，能够利用并接受本社提供的服务，承认并遵守本章程，履行本章程规定的入社手续的农民专业合作社，可申请成为本社成员【注：农民专业合作社联合社章程可自主确定入社成员的生产经营规模或经营服务能力等其他条件】。

第十一条　凡符合第十条规定，向本社理事长【注：或者理事会】提交书面入社申请，经成员大会表决通过后，即成为本社成员。

第十二条　本社向成员社颁发成员证书，并载明成员社的出资额。成员证书同时加盖本社财务印章和理事长印鉴。

第十三条　本社成员社享有下列权利：

（一）参加成员大会，并享有表决权、选举权和被选举权，按照本章程规定对本社实行民主管理；

（二）利用本社提供的服务和生产经营设施；

（三）按照本章程规定分享盈余；

（四）查阅本社的章程、成员名册、成员大会记录、理事会会议决议、监事会会议决议、财务会计报告、会计账簿和财务审计报告；

（五）对本社理事长、理事、监事长、监事的工作提出质询、批评和建议；

（六）提议召开临时成员大会；

（七）提出书面退社声明，依照本章程规定程序退出本社；

（八）向本社其他成员社转让全部或部分出资；

（九）成员大会对拟除名成员表决前，拟被除名成员有陈述意见的机会；

（十）成员社共同议决的其他权利。

第十四条　本社成员社承担下列义务：

（一）遵守本社章程和各项规章制度，执行成员大会和理事会的决议；

（二）按照本章程规定向本社出资；

（三）积极参加本社各项业务活动，接受本社提供的技术指导，按照本社规定的质量标准和生产技术规程从事生产，履行与本社签订的业务合同，发扬互助协作精神，谋求共同发展；

（四）维护本社合法利益，爱护生产经营设施；

（五）不从事损害本社成员社共同利益的活动；

（六）不得以其对本社或者本社其他成员社的债权，抵销已认购但尚未缴清的出资额；不得以已缴纳的出资，抵销其对本社或者本社其他成员社的债务；

（七）承担本社的亏损；

（八）成员社共同议决的其他义务。

第十五条　成员社有下列情形之一的，终止其成员资格：

（一）要求退社的；

（二）成员社破产、解散的；
（三）被本社除名的。

第十六条　成员社要求退社的，须在会计年度终了____个月前【注：不得低于六个月】向理事会提出书面声明，办理退社手续。退社成员的成员资格自该会计年度终了时终止。

第十七条　成员资格终止的，在完成该年度决算后____个月内【注：不应超过三个月】，退还记载在该成员账户内的出资额和公积金份额。如本社经营盈余，按照本章程规定返还其相应的盈余所得；如经营亏损，扣除其应分摊的亏损金额及债务金额。成员社在其资格终止前与本社已订立的业务合同应当继续履行【注：或依照退社时与本社的约定确定】。

第十八条　成员社有下列情形之一的，经成员大会表决通过，予以除名：
（一）不遵守本章程、成员大会决议的；
（二）严重危害其他成员社及本社利益的；
（三）成员社共同议决的其他情形。
成员大会表决前，允许被除名成员社陈述意见。

第十九条　被除名成员社的成员资格自会计年度终了时终止。本社对被除名成员社，退还记载在该成员账户内的出资额和公积金份额，结清其应承担的本社亏损及债务，返还其相应的盈余所得。因第十八条第二项被除名的成员社须对本社作出相应赔偿。

第三章　组织机构

第二十条　成员大会是本社的最高权力机构，由全体成员社组成。
成员大会行使下列职权：
（一）审议、修改本社章程和各项规章制度；
（二）选举和罢免理事长、理事、执行监事【注：或者监事长、监事】；
（三）决定成员入社、除名等事项；
（四）决定成员出资增加或者减少；
（五）审议本社的发展规划和年度业务经营计划；
（六）审议批准年度财务预算和决算方案；
（七）审议批准年度盈余分配方案和亏损处理方案；
（八）审议批准理事会【注：或者理事长】、监事会【注：或者执行监事】提交的年度业务报告；
（九）决定重大财产处置、对外投资、对外担保和生产经营活动中的其他重大事项；

（十）对合并、分立、解散、清算等作出决议；
（十一）决定聘用经营管理人员和专业技术人员的数量、资格和任期；
（十二）听取理事会【注：或者理事长】关于成员社变动情况的报告；
（十三）决定公积金的提取及使用；
（十四）决定其他重大事项。

第二十一条 本社每年召开××次成员大会【注：至少于会计年度末召开一次】。成员大会由理事会【注：或者理事长】负责召集，并在成员大会召开之日前十五日向全体成员社通报会议内容。

第二十二条 有下列情形之一的，本社在二十日内召开临时成员大会：
（一）百分之三十以上的成员社提议；
（二）监事会【注：或者执行监事】提议；
（三）理事会提议；
（四）成员社共同议决的其他情形。

理事会【注：或者理事长】不能履行或者在规定期限内没有正当理由不履行职责召集临时成员大会的，监事会【注：或者执行监事】在××日内召集并主持临时成员大会。

第二十三条 本社成员大会选举和表决，实行一社一票，成员社各享有一票表决权。

第二十四条 成员大会须有本社成员社总数的三分之二以上出席方可召开。成员社因故不能参加成员大会，可以书面委托其他成员社代理发言和表决。一个成员社最多只能代理××个成员社表决。

成员大会选举或者作出决议，须经本社成员社表决权总数过半数通过；对修改本社章程，增加或者减少成员出资，合并、分立、解散等重大事项作出决议的，须经成员社表决权总数三分之二以上通过【注：可以根据实际情况设置更高表决权比例】。

第二十五条 本社设理事长一名，为本社的法定代表人。理事长从成员社选派的理事候选人中产生，任期×年，可连选连任。

理事长行使下列职权：
（一）主持成员大会，召集并主持理事会会议；
（二）签署本社成员出资证明；
（三）签署聘任或者解聘本社经理、财务会计人员聘书；
（四）组织实施成员大会和理事会决议，检查决议实施情况；
（五）代表本社签订合同等；
（六）履行成员大会授予的其他职权。

【注：不设理事会的理事长职权参照本条款及理事会职权】

第二十六条 本社设理事会，对成员大会负责，由＊＊＊名理事组成【注：理事会成员人数为单数，最少三人】，设副理事长＊＊＊名。理事任期×年，可连选连任。本社理事从成员社选派的理事候选人中产生。

理事会行使下列职权：

（一）组织召开成员大会并报告工作，执行成员大会决议；

（二）制订本社发展规划、年度业务经营计划、内部管理规章制度等，提交成员大会审议；

（三）制定年度财务预决算、盈余分配和亏损弥补等方案，提交成员大会审议；

（四）组织开展成员社培训和各种协作活动；

（五）管理本社的资产和财务，维护本社的财产安全；

（六）接受、答复、处理本社成员社、监事会【注：或者执行监事】提出的有关质询和建议；

（七）接受入社申请，提交成员大会审议；

（八）决定成员退社、奖励、处分等事项；

（九）决定聘任或者解聘本社经理、财务会计人员；

（十）履行成员大会授予的其他职权。

第二十七条 理事会会议的表决，实行一人一票。重大事项集体讨论，并经三分之二以上理事同意，方可形成决定，做成会议记录，出席会议的理事在会议记录上签名。理事个人对某项决议有不同意见时，其意见记入会议记录并签名。理事会会议邀请监事长【注：或者执行监事】、经理和×××名成员社代表列席，列席者无表决权。

第二十八条 本社设执行监事一名，代表全体成员社监督检查理事会【注：或者理事长】和工作人员的工作。执行监事列席理事会会议，并对理事会决议事项提出质询和建议。执行监事从成员社选派的监事候选人中产生【注：不设监事会的执行监事职权参照监事会职权】。

第二十九条 本社设监事会，由×××名监事组成【注：监事会成员人数为单数，最少三人】，设监事长一名，代表全体成员社监督检查理事会【注：或者理事长】和工作人员的工作。监事长和监事会成员任期×年，可连选连任。监事长列席理事会会议，并对理事会决议事项提出质询和建议。监事从成员社选派的监事候选人中产生。

监事会行使下列职权：

（一）监督理事会对成员大会决议和本社章程的执行情况；

（二）监督检查本社的生产经营业务情况，负责本社财务审核监察工作；

（三）监督理事会成员【注：或者理事长】和经理履行职责情况；

（四）向成员大会提出年度监察报告；

（五）向理事会【注：或者理事长】提出工作质询和改进工作的建议；

（六）提议召开临时成员大会；

（七）履行成员大会授予的其他职责。

第三十条　监事会会议由监事长召集，会议决议以书面形式通知理事会【注：或者理事长】。理事会【注：或者理事长】在接到通知后×日内就有关质询作出答复。

第三十一条　监事会会议的表决实行一人一票。监事会会议须有三分之二以上的监事出席方能召开。重大事项的决议须经三分之二以上监事同意方能生效。监事个人对某项决议有不同意见时，其意见记入会议记录并签名。

第三十二条　本社经理由理事会【注：或者理事长】按照成员大会的决定聘任或者解聘，对理事会【注：或者理事长】负责，行使下列职权：

（一）主持本社的生产经营工作，组织实施理事会决议；

（二）组织实施年度生产经营计划和投资方案；

（三）拟订经营管理制度；

（四）聘任其他经营管理人员；

（五）理事会授予的其他职权。

本社理事长或者理事可以兼任经理。

第三十三条　本社现任理事长、理事、经理和财务会计人员不得兼任监事。

第三十四条　本社理事长、理事和管理人员不得有下列行为：

（一）侵占、挪用或者私分本社资产；

（二）违反本章程规定或者未经成员大会同意，将本社资金借贷给他人或者以本社资产为他人提供担保；

（三）接受他人与本社交易的佣金归为己有；

（四）从事损害本社经济利益的其他活动；

（五）兼任业务性质相同的其他农民专业合作社联合社的理事长、理事、监事、经理。理事长、理事和管理人员违反前款第（一）项至第（四）项规定所得的收入，归本社所有；给本社造成损失的，须承担赔偿责任。

第四章　财务管理

第三十五条　本社实行独立的财务管理和会计核算，严格执行国务院财政部门制定的农民专业合作社财务会计制度。

第三十六条 本社依照有关法律、行政法规和政府有关主管部门的规定，建立健全财务和会计制度，实行财务定期公开制度，每月××日【注：或者每季度第××月××日】向本社成员社公开会计信息，接受成员社的监督。本社财务会计人员应当具备从事会计工作所需要的专业能力，会计和出纳互不兼任。理事会【注：或者理事长】、监事会成员【注：或者执行监事】及其直系亲属不得担任本社的财务会计人员。

第三十七条 本社与成员社和非成员的交易实行分别核算。

成员社与本社的所有业务交易，实名记载于各该成员社的成员账户中，作为按交易量（额）进行可分配盈余返还分配的依据。利用本社提供服务的非成员与本社的所有业务交易，实行单独记账。

第三十八条 会计年度终了时，由理事会【注：或者理事长】按照本章程规定，组织编制本社年度业务报告、盈余分配方案、亏损处理方案以及财务会计报告，于成员大会召开十五日前，置备于办公地点，供成员社查阅并接受成员社的质询。

第三十九条 本社资金来源包括以下几项：

（一）成员出资；

（二）每个会计年度从盈余中提取的公积金、公益金；

（三）未分配收益；

（四）国家财政补助资金；

（五）他人捐赠款；

（六）其他资金。

第四十条 本社成员社可以用货币出资，也可以用库房、加工设备、运输设备、农机具、农产品等实物，以及知识产权、土地经营权、林权等可以用货币估价并可以依法转让的非货币财产和×××【注：如还有其他方式，请注明】等方式作价出资，但不得以劳务、信用、自然人姓名、商誉、特许经营权或者设定担保的财产等作价出资。成员社以非货币方式出资的，由全体成员社评估作价或委托第三方机构评估作价、全体成员社一致认可。

以土地经营权作价出资的成员社应当经所在社成员（代表）大会讨论通过。通过租赁方式取得土地经营权或者林权的，对农民专业合作社联合社出资须取得原承包权人的书面同意。

第四十一条 本社成员社认缴的出资额，须在×个月内缴清。

第四十二条 以非货币方式作价出资的成员社与以货币方式出资的成员社享受同等权利，承担同等义务。

经理事会【注：或者理事长】审核，成员大会表决通过，本社成员社可以向本社其他成员社转让全部或者部分出资。

本社成员社不得【注：或者可以，根据实际情况选择】以其依法可以转让的出资设定担保。

第四十三条 为实现本社及全体成员社的发展目标需要调整成员出资时，经成员大会表决通过，形成决议，每个成员社须按照成员大会决议的方式和金额调整成员出资。

第四十四条 本社从当年盈余中提取百分之××的公积金，用于扩大生产经营、弥补亏损或者转为成员出资。本社每年提取的公积金，按照成员社与本社交易量（额）【注：或者出资额，也可以二者相结合】依比例量化为每个成员社所有的份额。

第四十五条 本社从当年盈余中提取百分之××的公益金，用于成员社的技术培训、合作社知识教育以及文化、福利事业和生活上的互助互济。其中，用于成员社技术培训与合作社知识教育的比例不少于公益金数额的百分之××。

第四十六条 本社接受的国家财政直接补助和他人捐赠，均按国务院财政部门制定的农民专业合作社财务会计制度规定的方法确定的金额入账，作为本社的资金（资产），按照规定用途和捐赠者意愿用于本社的发展。在解散、破产清算时，由国家财政直接补助形成的财产，不得作为可分配剩余资产分配给成员社，处置办法按照国务院财政部门有关规定执行；接受他人的捐赠，与捐赠者另有约定的，按约定办法处置。

第四十七条 当年扣除生产经营和管理服务成本，弥补亏损、提取公积金和公益金后的可分配盈余，主要按成员社与本社的交易量（额）比例返还。可分配盈余按成员社与本社交易量（额）返还后，如有剩余，剩余部分按照×××进行分配【注：可根据实际情况进行规定】。经本社成员大会表决通过，可以将本社全部【注：或者部分】可分配盈余转为成员社对本社的出资，并记载在成员账户中。

第四十八条 本社如有亏损，经成员大会表决通过，用公积金弥补，不足部分也可以用以后年度盈余弥补。

本社的债务用本社公积金或者盈余清偿，不足部分依照成员账户中记载的财产份额，按比例分担，但不超过成员账户中记载的出资额和公积金份额。

第四十九条 监事会【注：或者执行监事】负责本社的日常财务审核监督。根据成员大会【注：或者理事会】的决定【注：或者监事会的要求】，本社委托×××【注：列明被委托机构的具体名称，该机构应系具有相关资质的社会中介机构】对本社的财务进行年度审计、专项审计和换届、离任审计。

第五章 合并、分立、解散和清算

第五十条 本社与其他农民专业合作社联合社合并，须经成员大会决议，自合并决议作出之日起十日内通知债权人。合并后的债权、债务由合并后存续或者新设的农民专业合作社联合社承继。

第五十一条 本社分立，经成员大会决议，本社的财产作相应分割，并自分立决议作出之日起十日内通知债权人。分立前的债务由分立后的组织承担连带责任。但是，在分立前与债权人就债务清偿达成的书面协议另有约定的除外。

第五十二条 本社因下列原因解散：

（一）因成员社变更导致成员社数量低于法定个数，自事由发生之日起6个月内仍未达到法定个数；

（二）成员大会决议解散；

（三）本社分立或者与其他农民专业合作社联合社合并后需要解散；

（四）因不可抗力致使本社无法继续经营；

（五）依法被吊销营业执照或者被撤销登记；

（六）成员社共同议决的其他情形。

第五十三条 本社因第五十二条第一项、第二项、第四项、第五项、第六项情形解散的，在解散情形发生之日起十五日内，由成员大会推举××名成员社所属人员组成清算组接管本社，开始解散清算。逾期未能组成清算组时，成员社、债权人可以向人民法院申请指定成员社所属人员组成的清算组进行清算。

第五十四条 清算组负责处理与清算有关未了结业务，清理本社的财产和债权、债务，制定清偿方案，分配清偿债务后的剩余财产，代表本社参与诉讼、仲裁或者其他法律程序，并在清算结束后××日内向成员社公布清算情况，向登记机关办理注销登记。

第五十五条 清算组自成立起十日内通知成员社和债权人，并于六十日内在报纸上公告。

第五十六条 本社财产优先支付清算费用和共益债务后，按下列顺序清偿：

（一）与成员社已发生交易所欠款项；

（二）所欠员工的工资及社会保险费用；

（三）所欠税款；

（四）所欠其他债务；

（五）归还成员出资、公积金；

（六）按清算方案分配剩余财产。

清算方案须经成员大会通过或者申请人民法院确认后实施。本社财产不足以清偿债务时，依法向人民法院申请破产。

第六章　附　　则

第五十七条　本社需要向成员社公告的事项，采取×××方式发布，需要向社会公告的事项，采取公告方式发布。

第五十八条　本章程由设立大会表决通过，全体设立人盖章（成员社法定代表人签字）后生效。

第五十九条　修改本章程，须经半数以上成员社或者理事会提出，理事会【注：或者理事长】负责修订。

第六十条　本章程如有附录（如成员社出资列表），附录为本章程的组成部分。

全体设立人盖章、签名【注：成员社法定代表人签字】：

2.3.3　农民专业合作社联合社案例

　　福建省某蔬菜农民专业合作社联合社创建于2011年，联合社里的12个成员社来自当地8个乡镇，成员涉及105个村，社员合计596人，注册资金1200万元。注册资金中，A果蔬农民专业合作社、B果蔬农民专业合作社出资各120万元，C果蔬农民专业合作社、D果蔬农民专业合作社、E果蔬农民专业合作社出资各110万元，剩下7家每家90万元。按照联合社章程，联合社团体社12个，均为联合社理事或监事共同代表成员社的会员参与管理，设理事长一名，为法定代表人，副理事长两名，任期五年，可连选连任；设监事长一名，监事两名，任期五年，可连选连任，代表全体成员监督检查理事会和工作人员的工作。成员大会为合作社重要决策的最高权力机构，由联合社12个成员单位构成，实行一社一票制，要求三分之二以上出席方可召开，决定事项须经成员大会表决权总数的三分之二以上的票数通过；理事会行使组织召开成员代表大会并报告工作，执行成员代表大会表决，理事会会议的表决，也实行一社一票，重大事项集体讨论，并经三分之二以上理事同意方可形成决定。

　　联合社以"服务成员社，架起会员和农户致富增收的金桥"的办社宗旨，确定了八大服务功能：一是引进、推广蔬菜种植新技术、新品种，组织全市范围内蔬菜规模种植；二是统一组织采购和供应种子、种苗、农用物资等农业投入品；三是统一开展技术指导、技术培训、技术交流和咨询服务活动；四是统一产品质量标准，统一开展基地认证、产品认证，组织成员开展蔬菜标准化生产；五是统一注册商标、产品包装和市场营销；六是统一开展成员需要的法律、保险、资金融通、贷款担保等服务；七是统一建立信息平台，加强对外交流、对接和联系；八是在成员内部开展资金互助。

联合社现有基地面积4200亩，蔬菜直营店7家，统一注册了商标；2015年获得QS食品安全认证，2018年5月通过SC换证。2014年在某工业区内建设粉丝加工厂，占地面积3000平方米，建筑面积1500平方米，可加工生产蕉芋粉丝、马铃薯粉丝、红薯粉丝、芋头粉丝。2017年生产红薯粉丝600吨，销售收入达840万元，实现利润120万元。2018年投资100万元新建一条水煮脆烤笋生产线和一条凉皮生产线。

下一阶段，联合社将立足自身发展壮大，积极争取国家的涉农项目支持，重点开展以下几项工作：一是规范发展订单生产，提高蔬菜全品种覆盖率，满足专营店、客户四季八节需求；二是开展标准化工作，申报农产品"三品"认证，不断提升商标的知名度、美誉度；三是办好淀粉加工厂，一方面要提高开工率，增加产量，另一方面是择机技改，增加加工品种，争取满负荷生产，形成盈利增长点；四是进一步扩大联社蔬菜直营店经营规模，不断探索合作领域，延伸服务链条，增强吸引力，吸收更多合作社参与，壮大联社竞争力，有效抵御风险，争取成为省内一流的农村新经济主体，更好地服务社会、回报社员。

第3章 农民专业合作社解散、变更与清算

3.1 农民专业合作社解散

农民专业合作社解散是指因法律规定的事由而停止业务活动,最终使法人资格消灭的法律行为。农民专业合作社解散分为自行解散和强制解散两种情况。自行解散也称自愿解散,是指依合作社章程或成员大会决议而解散。强制解散是指因政府有关机关的决定或法院判决而发生的解散。

农民专业合作社出现设立时章程中规定的解散条件如图3-1所示。

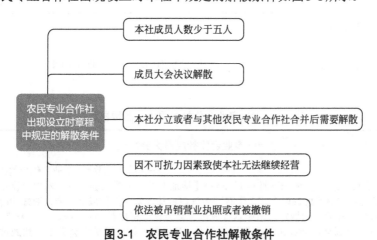

图3-1 农民专业合作社解散条件

农民专业合作社解散应向登记机关申请撤销,代理申请人需提交的材料包括:清算组负责人或者法定代表人签署的《农民专业合作社注销登记申请书》;

农民专业合作社成员大会或者成员代表大会依法作出的解散决议；指定代表或者委托代理人的证明；或农民专业合作社依法被吊销营业执照或者被撤销的文件；或人民法院的破产裁定、解散裁判文书。

（1）农民专业合作社注销登记申请书　格式如表3-1所示。

表3-1　农民专业合作社注销登记申请书

农民专业合作社注销登记申请书			
			注册号：
名　称			
住　所			
申请注销登记原因	1. 章程规定的解散事由出现 2. 成员大会决定解散 3. 因合并或者分立需要解散 4. 依法被吊销营业执照或者被撤销	□ □ □ □	
分支机构办理注销登记情况			
清算公告情况	公告报纸名称		
	公告日期		
本农民专业合作社依照《中华人民共和国农民专业合作社法》《中华人民共和国农民专业合作社登记管理条例》申请注销登记，提交文件材料真实有效。谨对真实性承担责任。 　　法定代表人 □　清算组负责人 □　　签名： 　　　　　　　　　　　　　　　　　　　　　　　　　　　　年　　月　　日			

注：在选择的类型 □ 中打 √。

（2）农民专业合作社成员大会或者成员代表大会解散决议书　格式如表3-2所示。

表3-2　农民专业合作社成员大会解散决议书

***专业合作社成员大会决议
——关于解散***专业合作社的决议
专业合作社于年*月**日在***〔地址〕召开成员大会会议，本次会议是根据本合作社章程规定召开的临时会议，于召开会议前依法通知了全体成员，会议通知的时间及方式符合本合作社章程的规定。出席本次成员大会会议的有成员***、***、***、***等***人，全体成员均已到会。会议由本合作社法人***召集和主持。成员大会会议一致通过并决议如下： 　　根据《中华人民共和国农民专业合作社法》及本合作社章程的有关规定，本次成员大会会议由法人召集，法人***主持，一致通过并决议如下：

续表

一、本合作社因章程规定的其他解散事由出现，成员大会同意合作社解散，决定合作社停止营业活动，进行清算。 　　二、合作社成立清算组，清算组由全体合作社成员***、***、***组成。其中由***担任组长、由***担任副组长。 　　三、清算组在清算期间依照《中华人民共和国农民专业合作社法》规定行使职权，开展工作。 　　四、合作社自作出解散决定之日起停止生产经营活动。 全体成员签字： 　　　　　　　　　　　　　　　　　　　　　　　　　　　　　　年　月　日

（3）指定代表或者委托代理人的证明　格式如表3-3所示。

表3-3　委托代理人证明书

委托代理人证明
委托代理人姓名： 委托代理人的权限：　　　　［主要包括办理名称预先核准、设立登记、变更登记、注销登记或备案等，根据实际情况填写］ 　　同意 □ 不同意 □ 修改有关表格的填写错误。 委托的有效期限：自　　年　月　日至　　年　月　日 委托代理人联系电话： 　　　　　　　　（委托代理人身份证复印件粘贴处） 　　委托人（全体设立人 □ 法定代表人 □ 清算组全体成员 □）签名或盖章：　　［委托人是自然人的由其签名；委托人是法人的由其盖章］ 　　　　　　　　　　　　　　　　　　　　　　　　　　　　　　年　月　日

3.2　农民专业合作社变更

　　农民专业合作社的登记事项发生变更的，应当向原登记机关申请变更登记，其中，变更名称、成员出资总额、法定代表人的，应当自变更决议作出之日起三十日内申请（图3-2）。

```
农民专业合作社申请变更登记时应提交的文件

1.法定代表人签署的变更登记申请书;
2.成员大会或者成员代表大会做出的变更决议;
3.法定代表人签署的修改后的章程或者章程修正案;
4.法定代表人指定代表或者委托代理人的证明;
5.变更成员出资总额的还应当提交由农民专业合作社法定代表人签署确认的修改后的出资清单;
6.变更住所的还应当在迁入新住所前申请变更登记,并提交新住所使用证明;
7.变更住所跨登记机关辖区的,应当在迁入新住所前向迁入地登记机关申请变更登记;
8.变更业务范围涉及依法须经批准项目的,应当自批准之日起三十日内申请变更登记,并提交有关批准文件
```

图3-2　农民专业合作社申请变更所需材料

农民专业合作社成员发生变更的,应当自本会计年度终了之日起九十日内,将法定代表人签署的修改后的成员名册报送登记机关备案。其中农民成员低于法定比例时应当自事由发生之日起六个月内采取吸收新的农民成员入社等方式使农民成员达到法定比例,新成员入社的还应当提交新成员的身份证明。

农民专业合作社修改章程未涉及登记事项的,应当自做出修改决定之日起三十日内,将法定代表人签署的修改后的章程或者章程修正案报送登记机关备案。

变更登记事项涉及营业执照载明事项的,登记机关应当换发营业执照。

3.3　农民专业合作社清算

农民专业合作社清算是指农民专业合作社解散或者依法被撤销后,依法清理合作社的债权债务的行为。根据合作社法的规定,应当在解散事由出现之日起十五日内由成员大会推举成员组成清算组,开始解散清算。逾期不能组成清算组的,成员、债权人可以向人民法院申请指定成员组成清算组进行清算,人民法院应当受理该申请,并及时指定成员组成清算组进行清算。

清算组自成立之日起接管农民专业合作社,负责处理与清算有关未了结业务,清理财产和债权、债务,分配清偿债务后的剩余财产,代表农民专业合作社参与诉讼、仲裁或者其他法律程序,并在清算结束时办理注销登记。

清算组应当自成立之日起十日内通知农民专业合作社成员和债权人,并于六十日内在报纸上公告。债权人应当自接到通知之日起三十日内,未接到通知的自公告之日起四十五日内,向清算组申报债权。如果在规定期间内全部成员、

债权人均已收到通知，免除清算组的公告义务。

3.3.1 清算工作的内容

（1）界定清算财产范围　清算财产包括宣布清算时，合作社账内账外的全部财产以及清算期间取得的资产等，都应当列入清算财产一并核算。但为保证清算规范和清算兑现，对已经依法作为担保物的财产相当于担保债务的部分，不能再列入清算财产。另外，为规范清算工作，保全合作社债权人与债务人的合法权益，避免以后发生误会或矛盾纠纷，在宣布经营终止前一定日期（如规定6个月或3个月等）至经营终止之日的期间内，如有发生隐匿私分或者无偿转让财产、压价处理财产、增加债务担保、提前清偿未到期的债务、随意放弃债权等财务行为的，应视为无效，涉及资产应作为清算财产入账。清算期间未经清算小组同意，不得处置合作社财产。

（2）计算清算财产价值　对清算财产应进行合理作价，防止"图省事，估大堆"，要为清偿分配打下好的基础。根据会计客观性原则和权责发生制原则，对清算财产一般以账面净值或者变现收入等为依据计价，也可以重估价值或按聘请专业机构评估的结果为依据计价。但应注意，只要能够保持合作社清算工作顺利进行，各方当事人意见能够协调一致，就不必采取评估方式计价，以尽量简化工作程序，节约清算成本。合作社解散清算中发生的财产盘盈或者盘亏，财产变价净收入，因债权人原因确实无法归还的债务，确实无法收回的债权，以及清算期间的经营收益或损失等，全部计入清算收益或者清算损失。

（3）确定财产清偿分配顺序　合作社进行解散清算中不产生共益债务，所以，在清算财产及收益确定后，依照惯例应首先拨付清算费用。然后按照农民专业合作社法规定的顺序，分配清偿相关的债务和应付款项，最后向成员分配清算完毕后的剩余财产。但清算资产不足以清偿债务的，应经依法申请破产转为破产清算。

3.3.2 清算工作的程序

清算工作的程序一般分为六个步骤（图3-3），具体的流程操作如下：

（1）清算人员选任登记　清算人员被选任后，应当将清算人员的姓名、住址等基本情况及其权限向注册登记机关登记备案。首次确定的清算人员及其权限应当由合作社理事会申请登记；更换清算人员与改变清算人员权限应当由合作社清算组申请登记。法院任命或者解任清算人员的登记，也应当依此规定进行。

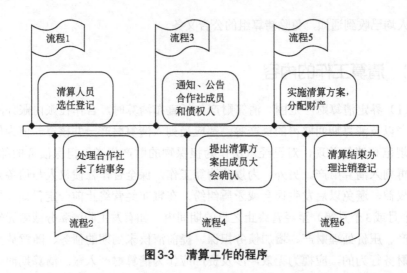

图 3-3　清算工作的程序

（2）处理合作社未了结事务　合作社未了结事务是指合作社解散的时候尚未了结的事务，一般指经营事务。为处理了结事务，清算中的合作社也可以与第三者发生新的法律关系。

（3）通知、公告合作社成员和债权人　合作社在解散清算时，由清算组通知本社成员和债权人有关情况，通知公告债权人在法定期间内申报自己的债权。为了顺利完成债权登记、债务清偿和财产分配，避免和减少纠纷，农民专业合作社法对清算组通知、公告合作社成员和债权人的期限和方式作了限定：清算组应当自成立之日起10日内通知本社成员和明确知道的债权人；对于不明确的债权人或者不知道具体地址和其他联系方式的，由于难以通知其申报权，清算组应自成立之日起60日内在报纸上公告，催促债权人申报债权。但如果在规定的期间内全部成员、债权人均已收到通知，则免除清算组的公告义务。债权人应在规定的期间内向清算组申报债权。具体来说，收到通知书的债权人应自收到通知书之日起30日内，向清算组申报债权；未收到通知书的债权人应自公告之日起45日内，向清算组申报债权。债权人申报债权时，应明确提出其债权内容、数额、债权成立的时间、地点、有无担保等事项，并提供相关证明材料，清算组对债权人提出的债权申报应当逐一查实，并做出准确翔实的登记。

（4）提出清算方案由成员大会确认　清算方案是由清算组制定的如何清偿债务、如何分配合作社剩余财产的一整套计划。清算组在清理合作社财产，编制资产负债表和财产清单后，应尽快制定包括清偿合作社员工的工资及社会保险费用、清偿所欠税款和其他各项债务以及分配剩余财产在内的清算方案。清算组制定出清算方案后，应报成员大会通过或者人民法院确认。

（5）实施清算方案，分配财产　清算方案经合作社成员大会通过或者人民法院确认后实施。分配财产是清算的核心。清算方案的实施必须在支付清算费用、清偿员工工资及社会保险费用，清偿所欠税款和其他各项债务后，再按财产分配的规定向成员分配剩余财产。如果发现合作社财产不足以清偿债务的，清算组应当停止清算工作，依法向人民法院申请破产。参照我国《企业破产法》有关破产财产清偿顺序的规定，结合合作社的本质要求，合作社财产分配顺序应当是：支付清算费用和共益债务；支付合作社雇用人员工资和医疗、伤残补助、抚恤费用，所欠的应当划入雇员个人账户的基本养老保险、基本医疗保险费用以及法律、行政法规规定应当支付给雇员的补偿金；合作社欠缴的其他社会保险费用和所欠税款；清偿合作社债务，包括记入成员账户的成员与本社的交易额；按解散时各成员个人账户中记载的出资额和量化为该成员的公共积累份额之和的比例，或者按照合作社章程或成员大会的决议，分配剩余财产。合作社被宣告破产后，其清算程序应当比照我国《企业破产法》的规定进行。

（6）清算结束办理注销登记　这是清算组的最后一项工作，办理完合作社的注销登记，清算组的职权终止，清算组即行解散，不得再以合作社清算组的名义进行活动。

第4章 农民专业合作社组织运行

4.1 组织机构与职权

农民专业合作社要依据《中华人民共和国农民专业合作社法》建立成员（代表）大会、理事会、监事会等组织机构。各组织机构要切实履行职责，密切协调配合。

4.1.1 农民专业合作社成员（代表）大会

农民专业合作社成员大会是农民专业合作社的最高权力机构，农民专业合作社成员超过一百五十人的可以按照章程规定设立成员代表大会并行使成员大会的部分或者全部职权，成员代表人数一般为成员总人数的百分之十，最低人数为五十一人。

（1）成员（代表）大会的主要职权

① 审议、修改本社章程和各项规章制度。农民专业合作社章程的制定是设立农民专业合作社的必备条件和必经程序，也是其自治特征的重要体现，完善的章程不仅涉及每个成员的权利与义务，更利于债权人、社会公众、政府等利益相关方对合作社的了解、监督和服务，还是能否享受国家有关优惠政策的重要依据。

农民合作社规章制度是日常运行的重要保障，包括民主议事决策制度、民主理财制度、现金收支制度、财务管理制度、会计核算制度、廉政建设制度、培训制度、成员管理制度、盈余分配制度等。

制订和修改章程、规章制度均需要本社成员表决权总数2/3以上通过。

② 选举和罢免理事长、理事、执行监事或者监事会成员。理事长、理事、执行监事或者监事会选举工作由筹备小组主持，筹备小组制定选举工作实施方案、提名候选人名单、确定选举日期和投票地点、准备选票和票箱、确定监票人和唱票人、主持成员（代表）大会进行选举并公布选举结果。选举实行合作社成员一人（单位）一票制，等额或差额无记名投票方式，候选人及人数由筹备组广泛征询成员的意见后确定，按得票数量从多到少确定当选。理事长任本合作社法人代表。

筹备小组应向成员（代表）大会成员说明理事长、理事、理事会、执行监事、监事会的职责及工作方式，人员资格以及相互之间的关系。理事长、理事、执行监事或者监事会成员可连选连任。

③ 决定成员入社、退社、继承、除名、奖励、处分等事项。

④ 决定成员出资标准及增加或者减少出资。

⑤ 审议本社的发展规划和年度业务经营计划。

⑥ 审议批准年度财务预算和决算方案。

⑦ 审议批准年度盈余分配方案和亏损处理方案。盈余分配和亏损处理方案关系到所有成员获得的收益和承担的责任，成员大会有权对其进行审批。成员大会认为方案符合要求的则可予以批准，反之则不予批准。不予批准的，可以责成理事长或者理事会重新拟定有关方案。

⑧ 审议批准年度业务报告。理事会、执行监事或者监事会提交的年度业务报告是对合作社年度生产经营情况进行的总结，对年度业务报告的审批结果体现了对理事会（理事长）、监事会（执行监事）一年工作的评价。

⑨ 决定重大事项。财产处置、对外投资、对外担保等生产经营活动中的重大事项是否可行、是否符合合作社和大多数成员的利益，应由成员大会来作出决定。

⑩ 对合并、分立、解散、清算和对外联合等作出决议。合作社的合并、分立、解散关系合作社的存续状态，与每个成员的切身利益相关，这些决议至少应由本社成员表决权总数的三分之二以上通过。

⑪ 决定人员聘用部分事宜。农民专业合作社是由全体成员共同管理的组织，成员大会有权决定合作社聘用经营管理人员和专业技术人员的数量、资格、报酬和任期。

⑫ 听取理事长或者理事会关于成员变动情况的报告。成员变动情况关系到合作社的规模、资产和成员获得收益和分担亏损等诸多因素，成员大会有必要

及时了解成员增加或者减少的变动情况。

⑬ 决定其他重大事项。

（2）成员（代表）大会的召开

① 农民专业合作社成员（代表）大会每年至少召开一次，一般由理事长或者理事会负责召集，并提前15日向全体成员通报会议内容。

② 农民专业合作社成员（代表）大会临时成员大会可不固定召开，当有下列情形之一即可召开：一是百分之三十以上的成员提议，二是理事长或者理事会不能履行或者在规定期限内没有正当理由不履行职责召集临时成员大会的由执行监事或者监事会召集并主持临时成员大会，三是章程规定的其他情形。

③ 成员（代表）大会须有本社成员（代表）总数的三分之二以上出席方可召开。成员因故不能参加成员大会，可以书面委托其他成员（代表）代理。

4.1.2 理事会及理事长

（1）理事会　理事会是合作社的执行机构，按照章程的规定对合作社进行日常经营与管理（图4-1）。

理事会会议的表决，实行一人一票，重大事项集体讨论，并经三分之二以上理事同意方可形成决定，理事会所议事项要形成会议记录，出席会议的理事应当在会议记录上签名。理事个人对某项决议有不同意见时，其意见记入会议记录并签名。

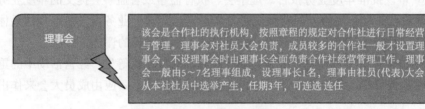

图4-1　理事会概念

理事会职权如图4-2所示。

（2）理事长　理事长是农民专业合作社的法定代表人，是理事会成员，由社员（代表）大会投票选举产生。理事长主要职权如图4-3所示。

（3）理事会与村委会的关系　在村委会领办的合作社中，一般是合作社与村委会实行"一套人马、两块牌子"的紧密方式，理事会理事由村委委员兼任，理事长由村委主任兼任，既可以弥补村委会在经济职能方面的不足，还可以在村委会的带动下致力于村公益事业。

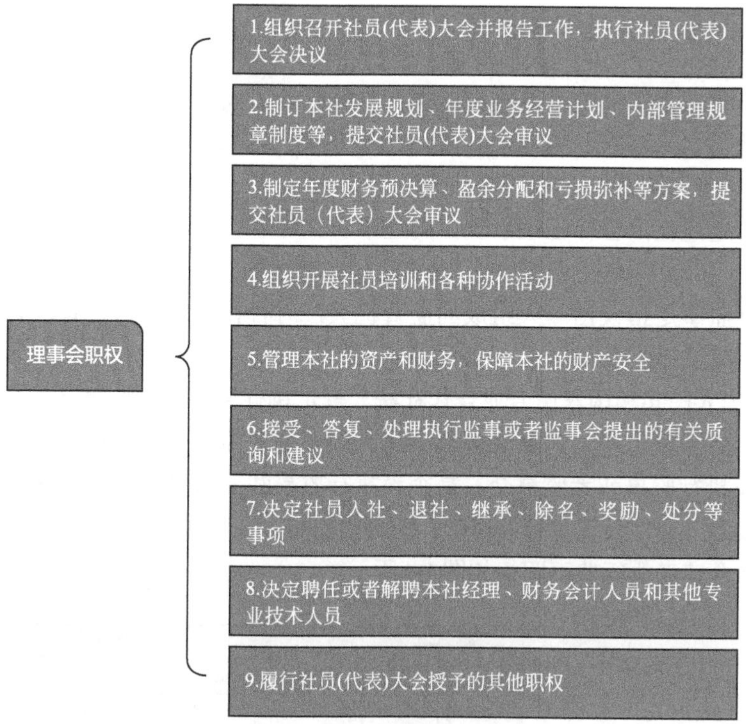

理事会职权
1. 组织召开社员(代表)大会并报告工作，执行社员(代表)大会决议
2. 制订本社发展规划、年度业务经营计划、内部管理规章制度等，提交社员(代表)大会审议
3. 制定年度财务预决算、盈余分配和亏损弥补等方案，提交社员（代表）大会审议
4. 组织开展社员培训和各种协作活动
5. 管理本社的资产和财务，保障本社的财产安全
6. 接受、答复、处理执行监事或者监事会提出的有关质询和建议
7. 决定社员入社、退社、继承、除名、奖励、处分等事项
8. 决定聘任或者解聘本社经理、财务会计人员和其他专业技术人员
9. 履行社员(代表)大会授予的其他职权

图4-2　理事会职权

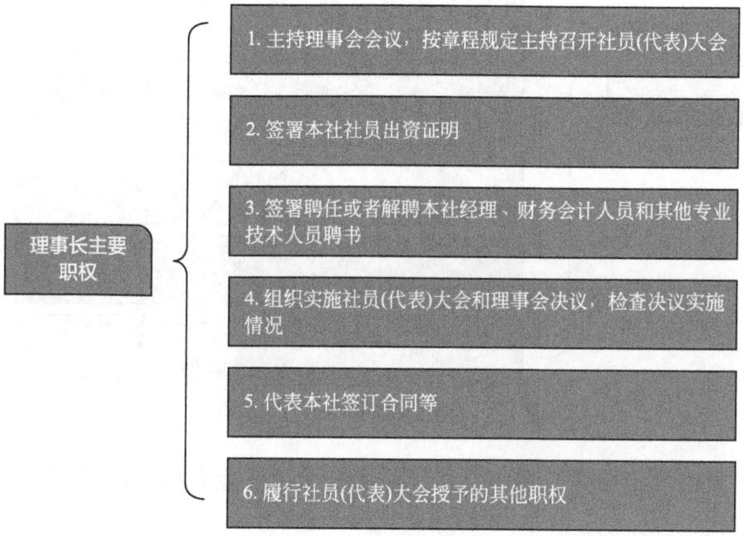

理事长主要职权
1. 主持理事会会议，按章程规定主持召开社员(代表)大会
2. 签署本社社员出资证明
3. 签署聘任或者解聘本社经理、财务会计人员和其他专业技术人员聘书
4. 组织实施社员(代表)大会和理事会决议，检查决议实施情况
5. 代表本社签订合同等
6. 履行社员(代表)大会授予的其他职权

图4-3　理事长主要职权

4.1.3 监事会及执行监事

监事会是合作社的监察机构,执行监督职能,代表全体社员监督合作社的财务和业务执行情况。监事会对社员大会负责,监事会一般由3人组成,设监事长1人,监事会成员由社员(代表)大会在本社社员中选举产生,每届任期3年,可连选连任,合作社理事长、副理事长、理事、经理和财务人员不得兼任监事。

执行监事是指仅由一人组成的监督机关,对合作社的账务、管理人员和业务执行情况进行监事。

《中华人民共和国农民专业合作社法》规定执行监事或者监事会不是农民专业合作社的必设机构。如果成员大会认为需要提高监督效率,可以根据实际情况选择设执行监事或者监事会。是否设执行监事和监事会由合作社在章程中规定。一般地,合作社设执行监事的,不再设监事会。

监事会或者执行监事职权如图4-4所示。

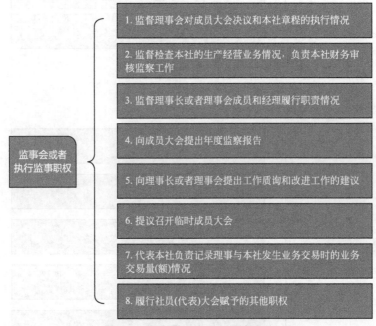

图4-4 监事会或者执行监事职权

监事会会议由监事长组织召集,监事长因故不能召集会议时,可以委托其他监事召集。

监事会的会议表决实行一人一票,监事会会议必须有三分之二以上的监事出席方能召开，重大事项的决议须经三分之二以上的监事同意方能生效。

监事会所议事项要形成会议记录，出席会议的监事应当在会议记录上签字，监事个人对某项决议有不同意见时，其意见也要记入会议记录并签名。

设立执行监事或者监事会的农民专业合作社，由执行监事或者监事会负责对本社的财务进行内部审计，审计结果应当向成员大会报告。

4.1.4 合作社经理

合作社经理是按照章程规定和理事长或者理事会授权，全面负责合作社具体生产经营活动的高级管理人员。合作社经理由理事会（或者理事长）聘任或者解聘，对理事会（或者理事长）负责，理事长或者理事可以兼任经理。经理的职权如图4-5所示。

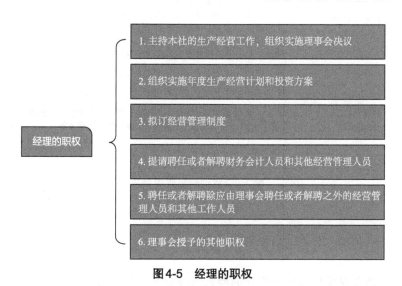

图4-5　经理的职权

经理的基本素质主要包括五个方面，具体如图4-6所示。

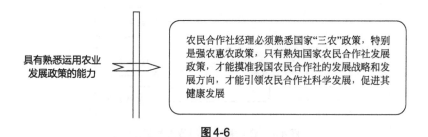

图4-6

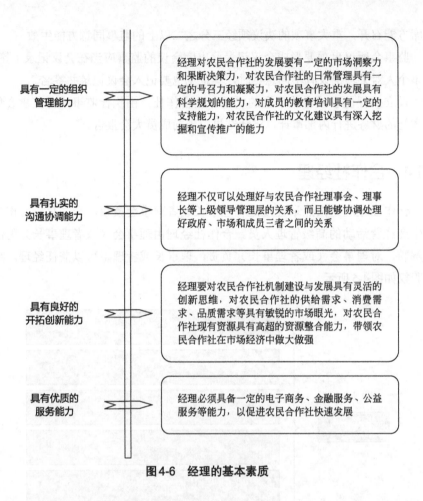

图4-6 经理的基本素质

4.1.5 合作社主要岗位人员设定

为了提高规模型农民合作社的经营管理水平,还应设置专职财务人员、技术服务人员、市场营销人员等,如图4-7所示。

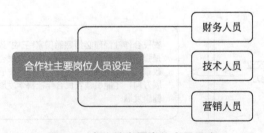

图4-7 合作社主要岗位人员设定

（1）财务人员　主要负责以发生业务为依据的记账、算账和报账、现金收支等会计核算，及时地提供真实可靠的、能满足各方需要的会计信息，对本社实行会计监督，拟订本单位办理会计事务的具体办法，参与拟定经济计划、业务计划，考核、分析预算、财务计划的执行情况等。

（2）技术人员　受合作社经理委托，主要负责合作社技术引进、新产品开发研究、新技术应用、技术指导与监督等，同时对社员提供种植、养殖等相关的技术服务，规范工艺流程，制定技术标准，抓好技术管理，实施技术监督，以及协调各部门之间的工作等。

技术服务部门主要负责技术指导、人员培训、设备维护等。

（3）营销人员　营销人员负责按理事会制定的年度生产计划制定具体的实施方案、及时掌握市场动态、谋划营销策略、实施营销宣传、拓展销售渠道、制定本社产品收购价格和销售价格并报理事会批准；对内与合作社社员签订本社产品收购合同，对外与销售商签订本社产品销售合同；按合同约定做好合同的履行兑现；负责对经济合同纠纷的诉讼工作；负责本社产品的加工，创优本社产品品牌。

市场营销部门主要负责产品的销售、开发与资金回笼等。

4.2　组织运营保障制度

农民合作社规范发展是维护成员合法权益、增强农民合作社发展内生动力的客观要求，健全农民合作社规章制度，严格依法办社、依章办事，才能实现农民合作社持续健康发展，才能增强社员合作意识、参与意识和责任意识。组织运营保障制度如图4-8所示。

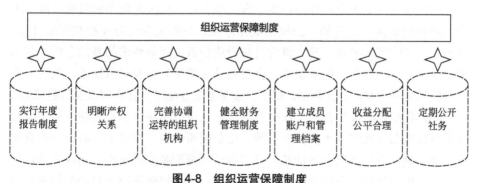

图4-8　组织运营保障制度

（1）实行年度报告制度　农民专业合作社要通过企业信用信息公示系统定期向工商部门报送年度报告。有关部门根据年报公示信息，加强对农民专业合作社的监督管理和配套服务，对没有按时报送信息或在年报中弄虚作假的农民专业合作社，列入经营异常名录，并不得纳入示范社评定和政策扶持范围。

（2）明晰产权关系　农民专业合作社应明确各类资产的权属关系。村集体经济组织、企事业单位、种养大户等领办农民专业合作社的，应严格区分其与农民专业合作社之间的产权。农民专业合作社公积金、财政补助资金形成的财产、捐赠财产应依法量化到每个成员。成员以其账户内记载的出资额和公积金份额为限对农民专业合作社承担责任。财政补助形成的资产转交农民专业合作社持有和管护的，应明确资产权属，建立健全管护机制。农民专业合作社接受国家财政直接补助形成的财产，在解散、破产清算时，不得作为可分配剩余资产分配给成员。

（3）完善协调运转的组织机构　农民专业合作社依法建立的成员（代表）大会、理事会、监事会等组织机构要切实履行职责，密切协调配合。成员（代表）大会每年至少召开一次，决策部署本社重大事项，选举和表决实行一人一票制加附加表决权。理事会负责落实成员（代表）大会决定，管理日常事务。监事会或执行监事代表全体成员监督理事会的工作。理事会和监事会会议的表决，实行一人一票。理事会要规范经理选聘程序和要求，明确经理工作职责。理事长、理事、经理和财务会计人员不得兼任监事。

（4）健全财务管理制度　农民专业合作社应建立独立的财务会计制度，配备会计人员或将农民专业合作社财务进行委托代理，设置会计账簿，规范会计核算，并及时向登记机关和农村经营管理部门报送会计报表，并抄报有关行业主管部门。从事会计工作的人员，必须取得会计从业资格证书，会计与出纳互不兼任。理事长、监事会成员及其直系亲属、执行与农民专业合作社业务有关公务的人员，不得担任农民专业合作社的财务会计人员。

（5）建立成员账户和管理档案　农民专业合作社应为每个成员建立成员账户，准确记载成员出资额、公积金量化份额、与农民专业合作社交易量（额）等内容。加强档案管理，建立符合自身产业特点、行业要求的基础台账，包括成立登记、年度计划、规章制度、会议记录（纪要）以及产品加工、收购、购销合同等文书档案，会计凭证、账簿、成员盈余分配等会计档案以及其他档案。

（6）收益分配公平合理　农民专业合作社应按照法律和章程制订盈余分配方案并经成员（代表）大会批准实施。可分配盈余中，按成员与农民专业合作社的交易量（额）比例返还的总额不得低于可分配盈余的60%；剩余部分依据成员账户中出资额、公积金份额、财政补助和社会捐赠形成的财产平均量化的份额，按比例进行分配。农民专业合作社可以由章程或成员（代表）大会决定，对成员为农民专业合作社提供管理、技术、信息、商标使用许可等服务或做出的其他突出贡献，给予一定报酬或奖励，在提取可分配盈余之前列支。农民专业合作社可以从当年盈余中提取公积金、公益金和风险金。农民专业合作社不得将成员作为牟利对象，其与成员和非成员的交易应当分别核算。

（7）定期公开社务　农民专业合作社理事会要按照章程要求依法编制年度业务报告、盈余分配方案、亏损处理方案以及财务会计报告，于成员（代表）大会召开的十五日前，置备于办公地点，向成员如实公开，实现公开事项、方式、时间、地点的制度化。理事会须允许执行监事或者监事会对农民专业合作社年度业务报告和财务会计报告进行内部审计或委托审计机构进行财务审计，审计结果必须向成员（代表）大会报告。

4.3　组织运行模式

农民专业合作社在组织运行中共分为以下9种类型（图4-9）。

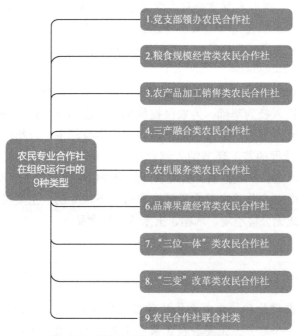

图4-9　农民专业合作社组织运行类型

(1)党支部领办农民合作社　党支部领办农民合作社就是通过村党支部领办农民合作社发展乡村产业，带动整村脱贫，是我国农民合作社助力脱贫攻坚的特色实践。

党支部领办农民合作社主要由村党支部牵头成立合作社，以土地入股、资金入股、基础设施入股等灵活多样的组织形式，把分散的土地集中起来、把闲置的资源利用起来、把单干的农民组织起来从事合作社经营。在经营管理过程中始终坚持以村党支部为核心，通过过硬党支部建设，有效解决"地谁来种""钱谁来筹""资源谁来管"等一系列问题，推动产品向区域性发展、产业向行业性转变，传统农业向生态农业、创意农业、休闲农业延伸，拓宽了农民增收渠道，发展壮大集体经济。

案例

内蒙古某养牛专业合作社以"一生只做健康好牛肉"为追求，现有奶制品厂、餐饮服务公司、绿色牛肉直营中心、牛排店等，形成了从养殖、育肥、屠宰、精加工、直营专卖到餐饮的全产业链格局。合作社以"党支部+合作社"打造产业发展龙头，以"上游+下游"延伸产业链，并探索出了"产业链+贫困户"的扶贫模式，采用村党支部领办农民合作社的做法，将支部建在产业链上，充分发挥基层党组织在人心凝聚、资源整合方面的作用，推动农民合作社做大做强，带领整村农户脱贫致富，实现了党建与产业齐飞。

(2)粮食规模经营类农民合作社　粮食类农民专业合作社是农民合作社的典型，它以农民入社为基础，为农民提供粮食种植的一体化服务，其中一体化服务是指合作社发展到一定规模后把农业生产本身同生产资料的供应或农产品的加工、销售过程的若干环节纳入到合作社业务范围内，从而降低交易费用、实现规模经济、延长产业链条、实现农产品的价值增值和提高土地的利用率。

粮类农民专业合作社多是在种植大户带动下成立的，主要经营业务为利润较高的小杂粮或无公害小麦、水稻、玉米等有机食品。

案例

河北省某农作物种植专业合作社种植规模近3万亩，涉及当地6个乡镇30个行政村的几千个农户，主要种植优质冬小麦、玉米两大主粮，亩均产量小麦

550千克、玉米650千克，粮食年产量3.3万吨。合作社现有成员445名，有企业法人成员1个、职业农民成员72名、土地经营权入股农户372户，合作社容纳了资金、技术、土地三种生产要素出资，形成了企业法人、职业农民、股权农户三方优势互补、资源共享的利益联结纽带，夯实了跨地域多主体合作的利益基础。

（3）农产品加工销售类农民合作社　农民合作社开展农产品初加工及销售，是现代农业发展的需要，也是乡村振兴的内在要求，农民合作社大有可为。2019年中央1号文件明确提出大力发展现代农产品加工业，支持发展适合农民合作社经营的农产品初加工，为农民合作社和成员更好地融入现代农业发展，促进农民合作社的纵向一体化经营，进一步提升合作社的产品附加值和经营效益指明了方向。此类合作社成立初期以"地产地销"为主，通常农产品在当地都有着良好的消费基础，容易被消费者接受；同时，"地销"也能有效地降低运输、仓储的成本，让合作社和农户更多地从纵向一体化和融入农产品产业链条中获益。

案例

某专门进行豆腐生产及加工的专业合作社由生产大户牵头领办，通过统一原料供应、统一技术指导、统一质量标准、统一产品品牌、统一销售，合作社将传统手工作坊与现代生产技术相结合，推动当地传统豆腐皮生产产业化、现代化。合作社共有成员116户，覆盖全县13个乡镇，2018年销售额超过2800万元，平均每户成员仅豆腐皮单项纯收入就达8.9万元。合作社成立了成员（代表）大会、理事会和监事会，管理人员共7人，包括理事长、副理事长各1人，理事2人，监事长1人，监事2人；制定了合作社章程、成员大会制度、理事会制度、监事会制度；实行理事长牵头，理事会、监事会分级负责的管理机制；设立财务部，按季度公开财务和运营情况。合作社成员以豆腐皮加工设施设备折价或货币资金入股，合作社统一采购黄豆原料，并将黄豆原料统一赊销给每位成员，每月底在成员结算豆腐皮款时扣回。成员生产的豆腐皮产品统一交售给合作社，每月结算一次货款。年末进行合作社经营成本、盈余清算，从可分配盈余中提取20%作为公积金，65%按照成员交易量进行盈余返还，剩余15%的盈余按照各位成员的出资额占比进行分配，公积金和专项基金按照成员出资份额，分别记入各成员账户。

（4）三产融合类农民合作社　三产融合主要是指将传统种植业、养殖业等第一产业，生产资料工业、食品加工业等第二产业，以及交通运输、技术和信息服务等第三产业综合到一身的产业体。农产品加工业、销售业与第一产业深度融合，让农业生产者直接或间接参与企业管理，可确保对原材料及初级产品的质量控制。三产融合可以使农民和其他产业对接、融合，通过合作或参股等多种方式，构建长期、稳定的产业合作机制、利益分享机制、资源共享机制、人才培养机制等，还可以以现有产业为基础，向其他产业延伸，如以种植业或养殖业为基础，向农产品加工发展，和乡村度假旅游、养生养老相融合；或者以乡村旅游产业为基础，向花卉草木、蔬菜果树种植和观赏动物、水产养殖等扩展。

案例

某种植养殖专业合作社现有成员 105 户，全部为当地农民，合作社不断创新经营模式，逐步发展成为集黑色畜禽养殖、绿色果品种植、特色民俗旅游及新型职业农民实训为一体的综合型合作社。合作社现有土地总面积约 1.5 万亩，其中 1.1 万亩用于发展绿色果业和林下经济的林地，3600 余亩耕地主要种植沂源红苹果、大樱桃、黄金桃等绿色水果。合作社在经营管理上采取"四统一"，即统一生产资料供应，统一果树修剪、中草药种植等技术管理，统一防疫，统一品牌销售。合作社在各种电商平台如淘宝、京东、微店等注册设立专门的营销网点，通过"众筹+直播"方式销售苹果以及通过私人订制"雪果"和贴吉祥字果，苹果单位价值大幅提升，2018 年合作社通过电商销售占经营收入的21.4%。合作社依托林业资源，引进黑乌骨山羊、黑猪、乌骨鸡等黑色品种，采取集中饲养的方式发展林下特色养殖。为拓展经营范围，2014 年经合作社成员大会决议通过注册成立了乡村旅游开发有限公司，将闲置农宅变资产，由合作社出资统一设计、统一改造装修、统一设施配套、统一管理，成员以房产入股，合作社负责日常管理运营、宣传营销等工作，成员负责接待、日常服务。合作社年接待游客 3 万多人次，旅游收入 400 多万元，仅苹果采摘一项年销量就达 50 万千克，"三黑"肉蛋销售 5000 多千克。合作社通过政府采购的模式承接新型职业农民培训的任务，充分利用"沂蒙小院"和乡村果蔬等特色农产品资源，为培训提供实训场地、食宿、农事体验、能力拓展等服务，每年增加收入 600 万元。合作社根据社办公司的订单要求，负责协调农户生产加工有机果蔬、手工豆腐和花生油等特色农产品，社办公司出保护价收购。合作社开发了果酒、果醋、金银花、丹参、葛根、石竹等30多种饮品、药膳和豆制品、榨油类、杂粮类等食品,初步形成了特色食品系列,满足了游客多样化饮食需求,实现了多环节增值增效。

(5) 农机服务类农民合作社 农机服务类农民合作社是指主要从事组织机械化生产、收割和农产品初加工,提供信息技术、设备维修、培训咨询等服务的农业生产和各类农机作业服务的农民经济组织。农机合作社的具体业务包括组织开展生产劳动合作和农机具规模作业、配套作业;引进新技术、新机具、新品种,开展技术培训、技术交流活动,组织经济、技术协作,为成员提供技术指导和服务;兴办成员生产经营所需要的维修、加工包装、储藏运输、贸易、交易市场等经济实体,推进农业产业化经营;采购和供应成员所需的生产资料和生活资料;提高本社农机作业质量,加强农机安全生产,帮助做好农机维修保养工作,创立农机服务品牌;承担国家、集体或个人委托的科研项目和有关业务。

案例

某农机化服务农民专业合作社有成员309人,各类农机91台,配套农机具92台,植保机械55台,粮食低温干燥设备3台(套),年机械作业面积10万亩,机械服务辐射延伸周边多个乡镇的3600余农户。合作社实行企业出资金、机械和技术,农户出土地、人员和机械的组织方式,形成了"企业+农户+基地"的生产经营模式。合作社为当地全体农户提供菜单式服务,一是由合作社提供整地、播种、施肥、浇灌、植保、收获等粮食生产全程机械化托管服务,二是代育秧、机插秧服务,三是建造粮食低温干燥车间1500平方米提供烘干服务。合作社建成新型职业农民培育和实训基地,每年培训合作社成员、周边村队农机手、种粮大户、普通农户1500多人次。培训内容广泛,涉及测土配方、农药化肥减施增效、农药安全使用、病虫害统防统治、农机使用维修等农业生产专业技术。

(6) 品牌果蔬经营类农民合作社 果蔬合作社就是指主要从事果品蔬菜种植所需生产资料采购、产品的收购与销售、新技术新品种的引进与推广、技术交流与培训等业务的合作社组织。品牌果蔬经营类农民合作社主要是指在果蔬营销过程中积极注册、推广、使用特色商标、名称的合作社。

> **案例**

重庆市某果品专业合作社2007年11月依法登记成立,现有成员553人,全部为库区移民。合作社成功探索出了"五统一分"的果园管理模式,即分户经营,统一技术指导、统一商标品牌、统一物资供应、统一对外宣传推介、统一销售价格。合作社为引进技术,与当地众多高校和本地农技推广机构建立了技术合作关系和工作联系,将合作社果园作为科研单位的科技推广示范基地,与科研单位合作完成国家级和省级多项科研项目。培养农民果技员,选送有一定文化基础、热爱水果栽培技术的青年农民200余人次,分别到高校学习,并多次邀请果树专家现场指导。举办果技培训,及时举办果树栽培管理技术培训,邀请教授和专家现场讲授果树栽培技术,当地农户基本掌握了龙眼、柑橘等果树的常用栽培管理技术。短短的几年时间,合作社种植的龙眼、柑橘等优质特色水果陆续开花结果,库区移民尝到了"甜头",市民品到了新鲜。2018年全村水果总产量达880吨,水果总产值1180万元,水果成为库区移民增收的重要经济来源。合作社成功注册了多项水果品牌商标。

(7)"三位一体"类农民合作社 "三位一体"农民专业合作社主要是指为农民提供生产技术指导、供销合作、信用合作等服务,所有经营环节融合在一起,一体化地为农民服务,而且各经营环节产生的利润要归农户分享的合作社经济组织。

> **案例**

浙江省某蔬菜专业合作社成立于2001年4月,经过18年的改革发展,成员由组建之初的94户发展到762户,服务范围从1个乡镇9个村拓展到4个乡镇41个行政村,合作基地由450亩发展到7000亩,带动非成员农户4500户。年销售收入从200万元增加到2000余万元,成员亩产值从7500元提高到18000元。合作社严格实行理事会、监事会管理机制,设理事7人、监事5人。合作社设有农资供应部,建有农产品原产地交易市场,成立了一家农业开发有限公司,组建了资金互助社,创办了保险互助社。合作社致力于推进农业"机器换人",耕地、种植、收割全程实行机械操作,减少人工投入,提高产量和效益。合作社还致力于新科技、新技术运用,引进水肥一体化智能控制系统,实现农业信息化和自动化,同时实行农药包装回收处理,在农资店设立回收站,统一处理残留农药,防止基地土壤和水源二次污染。合作社的市场销售由万科农业开发有限公司负责，拓展"农企对接""农市对接""农超对接"等销售渠道，发展集生产、加工、配送、销售于一体的综合性农业科技产业链条。统一采购与供应农资由农资供应部负责，降低采购成本并有效排除了假冒伪劣风险。合作社注册了精品蔬菜两大品牌，提升蔬果产品附加值。组建惠民农村资金互助社，实体封闭运作，拥有成员799名，注册资本金500万元，主要为合作社成员提供各种金融服务，目前已累计发放互助金4.25亿元，扶持种植大户上百户，扩大经营规模3500亩。2017～2018年实现二次返利80万元。创办兴民农村保险互助社，保险互助社入社成员3552名，注册资本100万元，运营资金500万元，围绕农业生产经营领域开发农产品保险、农产品货运保险和农户小额贷款保证保险三大险种。已陆续为796.7亩大棚番茄投保冻害保险，每亩保费108元，最高赔付额1200元。2018年5月，与中国太平洋财产保险股份有限公司瑞安支公司开展战略合作，以跟保形式分担农产品货物运输保险的风险。

（8）"三变"改革类农民合作社 "三变"改革类农民合作社主要是指通过股份制合作，以"资源变资产、资金变股金、农民变股东"为途径，最终形成"合作社＋分社＋农户"的合作社组织形式。

案例

南京市某水稻专业合作社成立于2008年5月，成员由最初的18名增加到当前的455名；成员出资总额由5.1万元增加到550万元；种植面积由300亩扩大到3232亩，年经营收入由80多万元增加到800多万元。合作社注册的商标获南京市著名商标称号。2014年，当地村里以水稻专业合作社为载体开展股份合作社综合试点，采取撤并、参股等形式，将村里原有4家合作社的服务职能整合到水稻专业合作社运作。在产业发展上，具体实施了"八个统一"，即统一种苗、统一技术指导、统一耕种、统一收割、统一收购、统一加工、统一品牌、统一销售，实行产前、产中、产后的综合性服务。合作社以村党支部为主导，村集体经济组织控股领办，村集体出资占67.82%，农户出资占32.18%，理事长由村党支部书记兼任，突出合作社的"集体性质"，成员封闭，合作社成员面向本村农户，村内农户家庭自愿入社，不吸纳外村农户，收益归全体成员共有共享，出资形式多元化，村集体以资产、资金、资源作价出资，农户以承包土地经营权作价、货币等形式出资，低收入农户以财政扶持资金等多种形式出资，合作社与村委会在村党组织领导下自我管理、相互支持、分账管理，确保产权清晰，账目清楚。合作社建立了党支部，在村党总支的领导下开展工作。该水稻专业合作社实行股份合作的做法开辟了村集体经济组织在发展集体经济、引领农民增收、帮扶低收入农户脱贫致富方面的新途径，合作社由社区经济股份合作社参股、农户承包土地经营权入股、财政扶持资金量化入股的做法，探索了合作社建设新机制，改变了过去"村社合一"的财务核算方式，产权清晰，权责明确，将农地股份合作、社区经济股份合作、劳务合作、专业合作的经营服务内容整合起来，开展合作社综合服务，拓宽了服务内容，激发了发展活力。

（9）农民合作社联合社类　农民合作社联合社主要是指按照自愿原则，以农民专业合作社为主要单位的社员和主要服务对象，不同职能的涉农部门和生产流通龙头企业参与，通过共同入股形成利益共同体，实行"民办、公助、党领导"，对外参与竞争，对内做好服务，为实现共同愿景而努力奋斗的合作经济联合组织。

案例

山西某种植专业合作社联合社成立于2017年，由当地三个合作社联合而成，共有农户成员107户。联合社组建后，搭建了以党支部牵头的县、乡、村服务组织架构，形成了"联合社党支部+联合社+乡级服务站+村级服务站+农户"五级联动机制，大力发展农业生产托管服务，统一提供产前、产中、产后农业生产一条龙服务，有力推进了当地农业生产托管服务快速发展。2018年，联合社经公开竞标承接县农业生产托管招标项目，托管面积82370.46亩，占项目区粮食生产面积的22.8%，涉及农户6055户，全部实现计算机、手机app数字化管理。联合社开展合作社想做却没有能力做的事，聘请省农业农村厅、省农科院、山西农大、山西大学及农业科研推广部门的30多名专家顾问，开展有机旱作、绿肥套种、测土配肥、宽窄行轮作、品种示范、农机农艺等农业高新技术试验示范，搭建了高效的科技成果转化平台，及时提供农业生产全方位技术服务。通过托管形成了规模化种植，2018年认证无公害产品基地3000公顷，包括玉米、高粱、大豆等品种。联合社制定了相应产品的生产标准，注册了商标，2019年申请绿色认证1000公顷。

农民专业合作社经营管理

第 5 章

农民专业合作社作为国家涉农项目的重要承担主体，既是国际的成功经验，也是我国创新财政支农方式、提高财政支农效率的改革方向。加强农民专业合作社经营管理，引导农民专业合作社建立完善的运行机制，真正实现民办民管民受益，吸引更多的农民加入农民专业合作社，为实施国家涉农项目、创新财政支农方式做实组织载体，确保农民群众从中受益。

5.1 项目规划

5.1.1 政府政策引导项目

2020年1月《中共中央 国务院关于坚持农业农村优先发展做好"三农"工作的若干意见》（中央一号文件）明确指出，支持农民合作社开展农技推广、土地托管、代耕代种、统防统治、烘干收储等农业生产性服务，充分发挥乡村资源、生态和文化优势，发展适应城乡居民需要的休闲旅游、餐饮民宿、文化体验、健康养生、养老服务等产业。

2017年12月农业部、国家发改委、财政部等部门联合发布《关于引导和促进农民合作社规范发展的意见》，其中第20条明确指出：各级财政要增加农民合作社发展资金，支持农民合作社开展信息、技术、培训、市场营销、基础设施建设等服务。新增农（林）业补贴要向农民合作社倾斜，允许财政项目资金直接投向符合条件的农民合作社，允许财政补助形成的资产转交农民合作社持有和管护，抓紧建立规范透明的管理制度。扩大农村土地整理、农业综合开发、农田水利建设、农技推广等涉农（林）项目由农民合作社承担的规模。落实和完善农民合作社税收优惠政策，支持农民合作社发展农产品生产加工流通。

2015年7月财政部下发《关于支持多种形式适度规模经营促进转变农业发展方式的意见》，明确了"财政支持适度规模经营的总体思路和基本原则"，提出了"进一步加大对适度规模经营的政策倾斜力度，着力促进新型经营主体提升适度规模经营能力，支持引导有利于适度规模经营的体制机制创新，改进和加强涉农资金使用管理"的新要求。意见提出：要调整完善农业补贴政策，进一步加大对适度规模经营的政策倾斜力度；调整用于支持粮食适度规模经营的补贴资金，重点用于支持建立农业信贷担保体系；要强化支农项目对接，大力支持家庭农场、种养大户、农民合作社和农垦改革发展，着力促进新型经营主体提升适度规模经营能力。要创新规模经营有效实现形式，加强财政与金融协调合作，支持引导有利于适度规模经营的体制机制创新。文件强调：要创新推动农民合作社发展，进一步加大对农民合作社的支持力度，优先支持从事粮食等规模化生产的合作社发展，系统总结财政支持农民合作社创新试点经验，充分发挥创新试点的典型示范带动作用，大力推广与金融社会资本合作、搭建公共服务平台、政府购买服务等有效措施，探索和推广财政支持合作社发展的有效途径，同时要扶持家庭农场和种养大户发展，支持农垦发挥适度规模经营排头兵作用。

综上所述，农民专业合作社在成立及发展过程中应结合自身实际、科学论证，并从国家鼓励和财政支持的经营项目中选择适宜的项目。

从2017年起，中华全国供销合作总社农业综合开发项目就集中资金，突出重点，积极扶持"新型农业社会化服务体系示范项目"，具体包括土地托管、服务能力提升和产业融合三个方面：

（1）土地托管　按照推进农业现代化、服务规模化、经营市场化的目标，搭建为农服务平台，整合供销合作社为农服务资源，主要面向新型农业经营主体，创新农业生产服务方式和手段，打造"农民外出打工，供销合作社为农民打工"服务品牌，破解"谁来种地、地怎么种"等问题，为农业适度规模经营提供保障，推进农业社会化服务体系建设。

财政支持合作社服务中心设施建设、设备购置，包括仓储、保鲜冷藏设施、采后加工设备、烘干设施、展示厅及辅助配套设施建设等；以及智能配肥站、质量检测及信息化管理设施等。

土地托管不改变土地承包权，不改变土地用途，尊重经营自主权，重点支持大田作物土地托管，兼顾其他作物托管；服务合同科学合理，充分尊重农民意愿，切实保护农民利益；实行规模化、标准化服务，托管面积5000亩以上；

为农服务中心和服务网点设计科学、布局合理，综合服务与专项服务相协调，促进构建农业社会化服务网络；为农服务功能完备，兼顾当前和长远，经营性和公益性有机结合，实现多赢共存和可持续发展；积极探索以县级供销合作社控股的为农服务公司为龙头，通过政府引导、市场化运作，开展横向、纵向合作，统筹整合为农服务力量，形成为农服务合力。

（2）服务能力提升 注重扶持基层供销合作社和农业生产、农产品加工、农产品流通等新型农业服务主体，打造一批实力较强、运营良好、管理规范和具有市场竞争力的新型农业服务主体，夯实为农服务和现代农业基础。

财政支持加工车间、设备及配套的供水、供电、道路设施等建设，如农产品交易场所，仓储、保鲜冷藏设施，电子商务信息交易平台，产品检验检测和安全监控设施等的建设；支持卫生防疫及动植物检疫设施，废弃物处理等环保设施，新品种或新技术引进，农户培训等项目建设。

服务能力提升以产地加工、农产品流通服务项目为重点，注重对当地农产品进行直接加工，促进农产品就地转化增值，积极扶持农产品产地集配和冷链物流，畅通农产品流通渠道，打造智慧物流体系；为农服务措施可行、方案可靠，不断提高为农服务能力，创新为农服务模式；加强与新型农业经营主体的对接，有效带动专业化、标准化、规模化生产，切实提升农产品物流、服务、体验、质量追溯等功能，促进全产业链的质量安全体系建设；技术方案先进可行，技术依托可靠，工艺路线合理。

（3）产业融合 以涉农企业或农民合作社联合社为龙头，带动多个新型农业经营主体，完善与农民的利益联结机制，延伸农业产业链，探索形成农业与二三产业交叉融合的现代产业体系，促进农业增效、农民增收、农村繁荣。

财政支持农产品种植养殖基地所需的基础设施及配套设备，品种改良、种苗（种畜禽）繁育设施，生产车间、加工设备和配套设施建设；支持产品采后处理设施，农产品展示展销中心、农产品社区自营网点和农产品专用运输车辆，交易场所、仓储保鲜设施，信息化管理设施，产品检验检测和安全监控设施，废弃物处理、卫生防疫和环保设施的建设，支持新品种、新技术的引进以及示范及培训等。

产业融合项目用地手续合法齐备、符合规划，合理节约；低耗节能，符合环境保护和可持续发展要求；投资估算合理，自筹资金有保障，筹资方案可行；与农民联系紧密，建立了科学合理的利益联结机制，有效促进农业增效和农民增收；预期效益和市场前景好，有较强的抗风险能力，有助于增强自身实力和为农服务能力。

产业融合以农民分享增值收益为出发点和落脚点，充分发挥供销合作社生产、服务、销售三位一体的独特优势，以涉农企业或农民合作社联合社为牵头单位，组织带领2个以上新型农业经营主体，分工协作、共同完成项目建设。建设任务原则上应安排在同一地级市（自治州、盟）；项目各主体之间以及各主体与农户之间通过有效机制结成紧密利益共同体；注重引进新技术、新业态、新模式，加快发展订单直销、连锁配送、电子商务等现代流通方式；基地规模适度，种养基础良好，产业基础坚实。产品通过有关质量体系认证，具有独立注册商标及良好品牌形象；辐射带动能力强，直接带动农户500户以上；工艺、技术、设备方案先进可行。

5.1.2 政府补贴项目

近年来，我国政府对农民专业合作社的补贴越来越多，有力地推动了合作社的快速发展。以下针对农民专业合作社申请补贴事宜，对政府的补贴政策和申报流程进行介绍。

5.1.2.1 补贴项目申请主要注意事项

（1）申报部门根据主营业务不同分别在农业农村委（局）、农村经济经营管理办公室、财政局、农业综合开发办、旅游局、科技局、林业局（办）、水利局、环保局、老区扶贫办、经贸局、发改委等。

（2）每个项目从通知到申报截止时间都较短，要及时了解相关信息，提前准备申报材料。

（3）与科研、课题相关项目申报优势明显，要积极寻求与一些科研院校建立良好的关系，经营项目要与其研究或教学挂钩、合作。

（4）申报项目材料包括企业的法人证书、营业执照复印件、企业年度报表、地方政府配套资金证明、土地使用证明或者土地租用合同、项目可行性研究报告、院校合作协议书、当地银行出具的信用等级证明、贷款证明、环评报告以及企业获得荣誉证书等。

（5）农产品深加工项目申请必须提供的材料包括产业化龙头项目申报单位的基本情况、项目的可行性研究报告（简称可研报告）、项目的近期审计报告、项目建设用地批准文件、环保部门的环境评价意见、专家对本项目的初步评估意见、申报产业项目的资金规模等。

（6）申报农产品加工示范项目必须以农产品加工（包括粮、油、果蔬、畜产品、水产品、特色农产品）为主业、具有独立法人资格、农产品加工产品的年销售收入在一定数额以上、无质量安全卫生事故、企业具有比较健全的质量管理与质量控制体系，通过ISO 9000质量体系认证或HACCP认证、企业的总资产报酬应高于同期银行贷款利率、入股合作方式采购的国产原料占所需原料的75%以上。

（7）申请农业科技成果转化资金，首先要有科技成果资金申报报告，还要有一个可研报告，每年科技成果转化资金都有一个编写要点，企业可以根据编写要点准备材料，然后逐级申报。

5.1.2.2 补贴项目申报要点

政府对合作社项目的补贴方式包括贴息和免息贷款、担保补贴、扶持资金、先建后补、以奖代补、风险补偿金等，可以申请的支持政策和补贴项目也很多，争取项目补贴要注意以下要点：

（1）了解政策、未雨绸缪　要积极关注各级政府网站、专业协会、培训、规划、设计咨询机构的微信微博、新闻媒体等，通过各种渠道密切关注、了解相应政策，争取政策扶持资金。要根据政策要求与对口部门要求，积极准备各种申报材料，尽量争取国家及地方扶持资金，做得好能在很大程度上解决项目开发中的资金问题。要熟悉土地流转、规划设计、贷款抵押等方面的政策法规，避免项目违规。

（2）政策补贴形式多样　不仅限于农业局，林业、旅游、科技、发改、供销合作总社、工信、财政、水力、文化、扶贫等归口部门都会有针对农业方面的扶持政策。每个部门制定的扶农政策各有侧重，比如观光类农庄就可向旅游局申请旅游专项资金、旅游扶贫资金等，特色文化类农庄可向县委宣传部和文化局等单位申请文化产业发展专项资金，自有基地发展餐饮的农庄可以向农业部门申请三品一标的认证及相关补贴以及优质农产品生产基地，科教类农庄可以申请科技局的相关项目、农业科技成果转化、星火计划项目、科技推广与集成技术示范项目等。

（3）积极与当地村、镇、街道等政府部门沟通协调　积极与各部门进行必要的沟通、事先见面、汇报，常沟通、常汇报可以及时获得有效支持。

（4）提前申报，每年申报　所有的休闲农业补贴项目都是提前一年报下一年的。农业补贴每年都有，而且会逐年升高。一次申报后即使当年没有通过，来年可能还会有机会。同一个项目，在同一个部门以同样名义往往只能拿一次补贴。

（5）研究好重点扶持　现代农业产业园、田园综合体、农业科技园区、农业综合开发产业化发展、设施农业、电子商务、扶贫等项目是近年来重点扶持项目。

（6）先易后难，拆开项目申请　项目申请可以拆开来报，注意有些单一项目对于扶持资金有封顶规定。

（7）带动农民增收致富是关键　近年来国家重点支持的项目侧重于能够带动一二三产融合发展和带动农民增收等方面。

5.2　标准化生产

农业标准化就是以农业为对象的标准化活动，即运用"统一、简化、协调、选优"的原则，通过制定和实施标准，把农业产前、产中和产后各个环节纳入标准生产和标准管理的轨道。农业标准化通过把先进的科学技术和成熟的经验组装成农业标准，推广应用到农业生产和经营活动中，把科技成果转化为现实的生产力，从而取得经济、社会和生态的最佳效益，达到高产、优质、高效的目的。它融合先进的技术、经济、管理于一体，使农业发展科学化、系统化，是实现新阶段农业和农村经济结构战略性调整的一项十分重要的基础性工作。

农业标准化是一项系统工程，这项工程的基础是农业标准体系、农业质量监测体系和农产品评价认证体系建设。农业标准体系是指围绕农、林、牧和蔬菜、水产业等制定的以国际、国家标准为基础，行业标准、地方标准和企业标准相配套的产前、产中、产后全过程系列标准。农业质量监测体系是指为完成农产品质量各个方面、各个环节的监督检验所需要的政策、法规、管理、机构、人员、技术、设施等要素的综合。农业质量监测体系建设是农业标准化建设的重要组成部分。它既是农业标准化工作顺利开展的基础保障体系，也是监督标准化进程、检验标准化成果的重要的信息反馈体系。

农民专业合作社作为农业标准化实施载体，应按照"一个合作社（龙头企业）、一个基地、一批品牌"的要求，完善内部执行标准体系，重点加强病虫害防治、养殖、加工、储存、运输、灌溉、排水、道路等基础设施建设。在规范标准化示范园区方面，一是要利用政府资金支持加强农田水利设施建设、加强农产品检测室建设、加大示范园区大棚建设、硬化园区主干道路等，有效改善园区基础设施，为推进标准化生产创造良好的硬件条件；二是要规范农产品生产种植操作规程，完善农产品生产档案、检测记录，完善农产品质量追溯制度，真正从源头上根除质量安全隐患，实现农产品质量安全工作及农业标准化基地建设的重大改善。

5.2.1 标准化生产的内容

农业标准化生产的内容十分广泛，主要有以下八个方面（图5-1）：

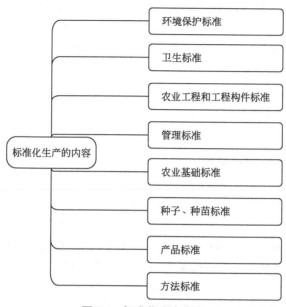

图5-1 标准化生产内容

（1）农业基础标准　农业基础标准是指在一定范围内作为其他标准的基础并普遍使用的标准，包括在农业生产技术中涉及的名词、术语、符号、定义、计量、包装、运输、贮存、科技档案管理及分析测试标准等。

（2）种子、种苗标准　种子、种苗标准主要包括农、林、果、蔬等种子、种苗，种畜、种禽、鱼苗等品种种性和种子质量分级标准、生产技术操作规程、包装、运输、贮存、标志及检验方法等。

（3）产品标准　产品标准是指对产品必须达到的某些或全部要求制定的标准，主要包括农林牧渔等产品品种、规格、质量分级、试验方法、包装、运输、贮存、农机具标准、农资标准以及农业用分析测试仪器标准等。

（4）方法标准　方法标准是指以试验、检查、分析、抽样、统计、计算、测定、作业等各种方法为对象而制定的标准，包括选育、栽培、饲养等技术操作规程、规范、试验设计、病虫害测报、农药使用、动植物检疫等方法或条例。

（5）环境保护标准　环境保护标准是指为保护环境和有利于生态平衡，对大气、水质、土壤、噪声等环境质量、污染源检测方法以及其他有关事项制定的标准，包括水质、水土保持、农药安全使用、绿化等方面的标准。

（6）卫生标准　卫生标准是指对食品饲料及其他方面的卫生要求而制定的农产品卫生标准，主要包括农产品中的农药残留及其他重金属等有害物质残留允许量的标准。

（7）农业工程和工程构件标准　农业工程和工程构件标准是指围绕农业基本建设中各类工程的勘察、规划、设计、施工、安装、验收，以及农业工程构件等方面需要协调统一的事项所制定的标准，包括塑料大棚、种子库、沼气池、牧场、畜禽圈舍、鱼塘、人工气候室等。

（8）管理标准　管理标准是指对农业标准领域中需要协调统一的管理事项所制定的标准，如标准分级管理办法、农产品质量监督检验办法及各种审定办法等。

5.2.2　农业标准化实施

农业标准的实施程序是一个复杂、系统的工程。由于合作社社员的自身素质和认识程度参差不齐，在执行标准过程中难免会出现各种问题，需要引起合作社的足够重视，找出切实方法，引导农民认真执行合作社所制定的各项农业标准，积极推进农业标准化工作的顺利展开。农业标准化实施程序如图5-2所示。

5.2.3　农产品质量安全认证

农产品质量安全，就是指农产品的可靠性、使用性和内在价值，包括在生产、贮存、流通和使用过程中形成、残存的营养、危害及外在特征因子，既有等级、规格、品质等特性要求，也有对人、环境的危害等级水平的要求。

5.2.3.1　食用农产品

食用农产品是指在传统的种植、养殖、采摘、捕捞等农业活动和设施农业、生物工程等现代农业活动中获得的供人食用的经过分拣、去皮、剥壳、干燥、粉碎、清洗、切割、冷冻、打蜡、分级、包装等加工，但未改变其基本自然性状和化学性质的产品，如新鲜的果蔬、禽畜肉、鱼虾等。农民合作社生产和销售的农产品主要为农业初级产品，食用农产品是其重要组成部分。

食用农产品具体范围包括：

（1）植物类

① 供食用的谷类、豆类、薯类　包括小麦、稻谷、玉米、高粱、谷子、杂粮（如：大麦、燕麦等）及其他粮食作物，对上述粮食进行淘洗、碾磨、脱壳、分级包装、装缸发酵等加工处理，制成的如大米、小米、面粉、玉米粉、豆面

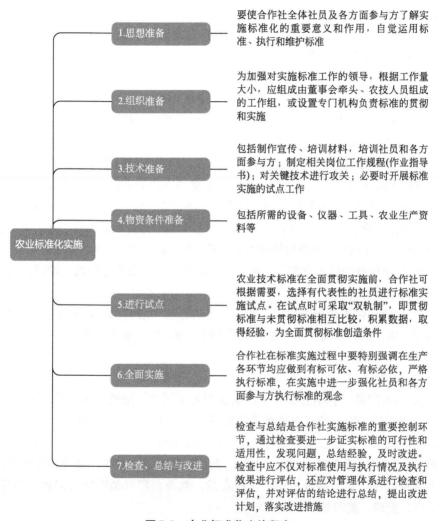

图 5-2 农业标准化实施程序

粉、米粉、荞麦面粉、小米面粉、莜麦面粉、薯粉、玉米片、玉米米、燕麦片、甘薯片、黄豆芽、绿豆芽等成品粮及其初制品，切面、饺子皮、馄饨皮、面皮、米粉等粮食复制品。

② 供食用的蔬菜、水果、坚果、花卉等园艺植物类　包括可作副食的草本、木本植物，各类蔬菜经晾晒、冷藏、冷冻、包装、脱水等工序加工的蔬菜，将植物的根、茎、叶、花、果、种子和食用菌通过干制加工处理后制成的各类干菜。腌菜、咸菜、酱菜和盐渍菜，新鲜水果，通过清洗、脱壳、分类、包装、储藏保鲜、干燥、炒制等加工处理制成的各类水果、果干（如荔枝干、桂圆干、葡萄干等）、果仁、坚果等，经冷冻、冷藏等工序加工的水果，通过保鲜、储存、分级包装等加工处理，制成的各类用于食用的鲜干花、晒制药材等。

③ 茶青和毛茶。

④ 作榨取油脂的各种植物的根、茎、叶、果实、花或者胚芽组织等初级产品　包括各种菜籽、花生、大豆，及其加工处理制成的植物油和饼粕等副产品。

⑤ 用作中药原药的各种植物　包括根、茎、皮、叶、花、果实，进行挑选、整理、捆扎、清洗、晾晒、切碎、蒸煮、蜜炒等处理过程制成的片、丝、块、段等中药材，以及利用上述药用植物加工制成的片、丝、块、段等中药饮片。

⑥ 用作制糖的各种植物　包括甘蔗、甜菜等，以及进行清洗、切割、包装等加工处理后的初级产品。

⑦ 热带、亚热带作物初加工制成的半成品或初级食品　包括生熟咖啡豆、胡椒籽、肉桂油、桉油、香茅油、木薯淀粉、腰果仁、坚果仁等。

⑧ 其他植物。

(2) 畜牧类

① 肉类产品　包括各类牲畜、家禽和人工驯养、繁殖的牛、马、猪、羊、鸡、鸭等经济动物，通过对畜禽类动物宰杀、去头、去蹄、去皮、去内脏、分割、切块或切片、冷藏或冷冻等加工处理制成的分割肉、保鲜肉、冷藏肉、冷冻肉、冷却肉、盐渍肉、绞肉、肉块、肉片、肉丁等，畜类、禽类和爬行类动物的内脏、头、尾、蹄等组织，各种畜类、禽类和爬行类动物的肉类生制品，如腊肉、腌肉、熏肉等。

② 蛋类产品　包括各种禽类动物和爬行类动物的鲜蛋、冷藏蛋，经加工的咸蛋、松花蛋、腌制的蛋等。

③ 奶制品　包括各种哺乳类动物的乳汁和经净化、杀菌等加工工序生产的乳汁，通过对鲜奶进行净化、均质、杀菌或灭菌、灌装等制成的巴氏杀菌奶、超高温灭菌奶、花色奶等。

④ 蜂类产品　包括采集的未经加工的天然蜂蜜、鲜蜂王浆，通过去杂、浓缩、

熔化、磨碎、冷冻等加工处理制成的蜂蜜、鲜王浆以及蜂蜡、蜂胶、蜂花粉等。

⑤ 其他畜牧产品。

（3）渔业类

① 水产动物产品　包括鱼、虾、蟹、鳖、贝类、棘皮类、软体类、腔肠类、海兽类、鱼苗（卵）、虾苗、蟹苗、贝苗（秧），将水产动物整体或部分经冰鲜、冷冻、冷藏、盐渍、干制等保鲜防腐处理和包装的水产动物初加工品。

② 水生植物　包括海带、裙带菜、紫菜、龙须菜、麒麟菜、江篱、浒苔、羊栖菜、莼菜，将水生植物整体或部分经热烫、冷冻、冷藏等保鲜防腐处理和包装的产品。

③ 水产综合利用初加工品　包括鱼粉、鱼油、海藻胶、鱼鳞胶、鱼露（汁）、虾酱、鱼籽、鱼肝酱等。

食用农产品生产者应当按照食品安全标准和国家有关规定使用农药、肥料、兽药、饲料和饲料添加剂等农业投入品，严格执行农业投入品使用安全间隔期或者休药期的规定，不得使用国家明令禁止的农业投入品。禁止将剧毒、高毒农药用于蔬菜、瓜果、茶叶和中草药材等国家规定的农作物。食用农产品的生产企业和农民专业合作经济组织应当建立农业投入品使用记录制度。食用农产品销售者应当建立食用农产品进货查验记录制度，如实记录食用农产品的名称、数量、进货日期以及供货者名称、地址、联系方式等内容，并保存相关凭证。记录和凭证保存期限不得少于六个月。

进入市场销售的食用农产品在包装、保鲜、贮存、运输中使用保鲜剂、防腐剂等食品添加剂和包装材料等食品相关产品，应当符合食品安全国家标准。供食用的源于农业的初级产品（以下称食用农产品）的质量安全管理，遵守《中华人民共和国农产品质量安全法》的规定。

以食用农产品作为原料进行工业食品生产的，应当取得食品生产许可证，所有的食品生产企业必须经过强制性的检验认证——SC质量安全认证，农产品也不例外。

我国食用农产品质量认证主要包括食用农产品合格证、绿色产品认证、有机食品认证和农产品地理标志认证。

5.2.3.2　合作社食用农产品合格证

从2020年开始，为不断提升农产品质量安全水平，杜绝使用禁用药物、超范围超剂量使用农药兽药、违反农药安全间隔期和兽药休药期规定等行为，推动种植、养殖生产者落实质量安全主体责任，国家农业农村部在全国试行食用农产品合格证制度。

食用农产品合格证是指食用农产品生产者根据国家法律法规、农产品质量安全国家强制性标准，在严格执行现有的农产品质量安全控制要求的基础上，对所销售的食用农产品自行开具并出具的质量安全合格承诺证。

农民专业合作社生产的蔬菜、水果、畜禽、禽蛋、养殖水产品等农产品上市时要出具合格证。合格证内容包含食用农产品名称、数量（重量）、种植养殖生产者信息（名称、产地、联系方式）、开具日期、承诺声明等。若开展自检或委托检测的，可以在合格证上标示。鼓励有条件的主体附带电子合格证、追溯二维码等。食用农产品合格证全国统一基本样式如图5-3所示。

```
            食用农产品合格证

食用农产品名称：
数量(重量)：
生产者盖章或签名：
联系方式：
产    地：
开具日期：
我承诺对产品质量安全以及合格证真实性负责：
□不使用禁限用农药兽药
□不使用非法添加物
□遵守农药安全间隔期、兽药休药期规定
□销售的食用产品符合农药兽药残留食品安全国家标准
```

图5-3　食用农产品合格证基本样式

食用农产品合格证承诺内容主要有：种植养殖生产者承诺不使用禁限用农药兽药及非法添加物，遵守农药安全间隔期、兽药休药期规定，销售的食用农产品符合农药兽药残留食品安全国家强制性标准，对产品质量安全以及合格证真实性负责。

食用农产品合格证由种植养殖生产者自行开具，一式两联，一联出具给交易对象，一联留存一年备查。

各地农业农村部门负责开具并出具合格证的日常巡查检查，对于虚假开具合格证的纳入信用管理，对于承诺合格而抽检不合格的农产品依法严肃查处。

5.2.3.3　绿色产品认证

绿色食品是依据《绿色食品标志管理法》认证的绿色无污染可使用绿色食品标志的食品。凡具有绿色食品生产条件的国内企业均可按本程序申请绿色食品认证。

绿色食品申请产品应符合一系列绿色食品相关标准，如《绿色食品产地环境质量》（NY/T 391—2013）、《绿色食品　食品添加剂使用准则》（NY/T 392—2013）等。

绿色产品认证的办理机构为中国绿色食品发展中心及其所在省（自治区、直辖市）绿色食品办公室或绿色食品发展中心，合作社在申请绿色产品认证时需要提供如下资料：绿色食品标志使用申请书、合作社及生产情况调查表、保证执行绿色食品标准和规范声明、生产操作规程、合作社生产质量控制体系（合作社章程和农户名册、基地图、基地管理办法）、产品执行标准、产品注册商标（复印件）、合作社营业执照（复印件）、合作社质量管理手册、农药、肥料标签、产品外包装标签等。

绿色食品实施商标使用许可制度，使用有效期为三年。在有效使用期内，绿色食品管理机构每年对用标企业实施年检，组织绿色食品产品质量定点检测机构对产品质量进行抽检，并进行综合考核评定，合格者继续许可使用绿色食品标志，不合格者限期整改或取消绿色食品标志使用权。绿色食品标志样式如图5-4所示。

图5-4　绿色食品标志

5.2.3.4　有机食品认证

有机食品是指来自于有机农业生产体系的食品，有机农业是指一种在生产过程中不使用人工合成的肥料、农药、生长调节剂和饲料添加剂的可持续发展的农业，它强调加强自然生命的良性循环和生物多样性。有机食品认证机构通过认证证明该食品的生产、加工、储存、运输和销售等环节均符合有机食品的标准。申报认证的产品种类必须在国家认证认可监督管理委员会发布的《有机产品认证目录》之内。

有机认证程序一般都包括认证申请和受理（包括合同评审）、文件审核、现场检查（包括必要的采样分析）、编写检查报告、认证决定、证书发放和证后监督等主要流程。合作社申请有机食品认证需要提交的材料包括：申请者的合法经营资质文件（营业执照、土地使用证、租赁合同等）；有机生产、加工的基本情况（申请者名称、地址和联系方式，生产、加工规模品种、面积、产量、加工量等）；产地（基地）区域范围（地理位置图、地块分布图、地块图）；有机产品生产、加工、销售计划；产地（基地）、加工场所有关环境质量的证明材料；有关专业技术和管理人员的资质证明材料；保证执行有机产品标准的声明；有机生产、加工的质量管理体系文件；其他相关材料。

国家认证认可监督管理委员会负责全国有机产品认证的统一管理、监督和综合协调工作。地方各级质量技术监督部门和各地出入境检验检疫机构负责所辖区域内有机产品认证活动的监督检查和行政执法工作。我国的中绿华夏有机食品认证中心（COFCC），国外机构如美国国际有机作物改良协会（OCIA）、法国国际生态认证中心（ECOCERT）、瑞士生态市场研究所（IMO）、日本有机和自然食品协会（JONA）等都在我国开展相应的认证业务。

认证标志应当在认证证书限定的产品类别、范围和数量内使用，每枚认证标志进行唯一编号（简称有机码），并采取有效防伪、追溯技术，确保发放的每枚认证标志能够溯源到其对应的认证证书和获证产品及其生产、加工单位；获得有机转换认证证书的产品，只能以常规产品销售，不得加施认证标志或使用相关可能误导消费者的文字说明；认证标志施加方式可选择加贴或印刷；认证标志为统一发放；认证委托人应建立认证标志使用程序及台账记录，对认证标志的申领、使用、流向等进行记录。有机食品标志样式如图5-5所示。

图5-5 中国有机食品标志

5.2.3.5 农产品地理标志认证

农产品地理标志是指标示农产品来源于特定地域，产品品质和相关特征主要取决于自然生态环境和历史人文因素，并以地域名称冠名的特有农产品标志，如阳澄湖螃蟹、大黄埠西瓜等。所称农产品是指来源于农业的初级产品，即在农业活动中获得的植物、动物、微生物及其产品，国家对农产品地理标志实行登记制度，并颁发《中华人民共和国农产品地理标志登记证书》，此证书长期有效。

申请农产品地理标志登记保护在名称、产品品质、产地环境等方面都有相关严格的要求。农产品地理标志登记保护申请人由县级以上地方人民政府择优确定，应当是满足一定条件的农民专业合作社、行业协会等服务性组织。农产品地理标志是国家重要的自然资源和人文资源，属于地域性资源公权，企业和个人不能作为农产品地理标志登记保护申请人，具体可查看《农产品地理标志管理办法》《农产品地理标志产品品质鉴定检测机构管理办法》《农产品地理标志产品感官品质鉴评规范》《农产品地理标志产品品质鉴定抽样检测技术规范》等。

合作社申请农产品地理标志应当向省级农业行政主管部门提出登记申请，并提交登记申请书、申请人资质证明、农产品地理标志产品品质鉴定报告、质量控制技术规范、地域范围确定性文件和生产地域分布图、产品实物样品或者样品图片、其他必要的说明性或者证明性材料等资料。省级人民政府农业行政主管部门负责本行政区域内农产品地理标志登记保护申请的受理和初审工作。农业农村部农产品质量安全中心负责农产品地理标志登记审查、专家评审和对外公示工作。

国家知识产权局商标局为地理标志产品设立了专用标志，用以表明使用该专用标志的产品的地理标志已经在国家知识产权局商标局核准注册。

具有食用农产品合格证食品在生产过程中允许限时、限量地使用部分化肥、农药、兽药等。绿色食品在生产种植过程中禁用或限用化学合成的农药、肥料、兽药、渔药、饲料添加剂等生产资料，及其他可能对人体健康和生态环境产生危害的物质。有机产品在生产过程中不允许使用任何人工合成的化学物质，必须在能量封闭的循环状态下利用农业内部资源（动物、植物、微生物、土壤），而不是利用农业以外的能源（如化肥、农药、生长调节剂和添加剂）影响和改变农业能量循环的生产。综上，合格证农产品→绿色食品→有机产品的生产条件要求依次增高，有机产品的生产最为严格，相应的生产方式也最环保，但产品市场价格较高。

5.3 农产品营销

现代市场营销观念强调市场营销应以消费者为中心，农民专业合作社也只有通过满足消费者的需求，才可能实现持续发展和增加收入的目标。通过市场营销活动，分析外部环境的动向，了解消费者的需求和欲望，了解竞争者的现状和发展趋势，结合自身的资源条件，指导合作社在产品、定价、分销、促销和服务等方面作出相应的、科学的决策。

5.3.1 营销渠道

农产品营销渠道分为三种（图5-6）：

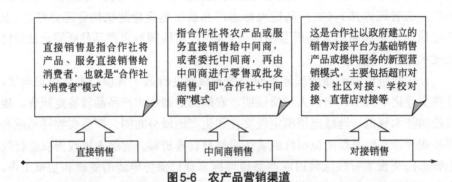

图5-6　农产品营销渠道

（1）直接销售　直接销售是指合作社将产品、服务直接销售给消费者，也就是"合作社+消费者"模式。消费者包括个人、组织和企业，如自行零售蔬菜、旅游采摘、为农户提供农机作业服务、将大豆销售给粮油加工厂等。直接销售包括自营店铺零售、互联网销售、订单销售等。

直接销售模式是一种比较传统的营销模式，农产品的生产者和消费者直接进行交易，省去了很多中间环节，从而可以避免中间商获取任何差价，可以让消费者购买到价格更便宜的商品。这种模式的不足是合作社要投入额外的人力、物力从事专门的销售工作，增加了管理成本，或者因市场风险造成销售损失。

自营店铺零售是指合作社通过自建、租用商店、商铺、柜台等将农产品直接零售给普通消费者的营销方式。自营农产品一般有自己的品牌或特色、包装合理、产量适中、储存方便、适宜长期稳定销售。

互联网销售是指合作社通过在各类网络营销平台建立店铺以及自建网站、

自媒体平台等开办农产品直销订购网店,根据订单将农产品包装后交由物流、快递企业直接送到消费者手中。互联网销售省去了批发商和零售商的渠道费用,同时确保了农产品的新鲜程度,因此非常受消费者的喜爱,但是存在产品不耐储存、运费包装成本高等不足。

订单销售是指合作社与客户先签订农产品或服务合同,再进行种植、生产和配置,并按规定提供产品或服务。如与大型零售商签订某种水果供货合同、与粮油加工厂签订菜籽收购合同、与某公司签订蔬菜供货合同等。订单销售合作社销售成本低,而且可以先期获得部分货款充实运营资金,确保不会因价格变动蒙受损失,但是存在交货期农产品市场溢价或自然灾害造成合同损失的情况。龙头企业与合作社签订农产品购销合同可以形成稳定购销、互利互惠产销合作关系。

(2)中间商销售 中间商销售是指合作社将农产品或服务直接销售给中间商,或者委托中间商,再由中间商进行零售或批发销售,也就是"合作社+中间商"模式。中间商包括批发商、大型零售商、贸易公司等。

中间商销售模式主要适用于农产品生产相对比较集中的地区,中间商的营销水平比较高,对价格和市场有比较全面的了解,可以为合作社节省许多直销成本。但中间商可以从交易的过程中获取比较高的利润,有的时候中间商为了能够获得更高的利润,会压低农产品的收购价格,提高农产品的销售价格,从而降低了合作社的经济收益。

(3)对接销售 对接销售是指合作社以政府建立的销售对接平台为基础销售产品或提供服务的新型营销模式,主要包括超市对接、社区对接、学校对接、直营店对接等。

超市对接是指合作社与政府指定超市签订供货合同或委托销售合同,准予合作社农产品在超市内直接零售给消费者的销售模式。

社区对接是指合作社与社区居委会、物业等管理单位签订协议,由社区提供场地和基本设施,合作社根据社区居民需求定期送货、展销的销售模式。

学校对接是指合作社与学校食堂等签订食用农产品供货协议,直接进行农产品销售的模式。

直营店对接是指合作社与政府支持的农产品连锁店、直营店和配送中心签订协议,进行农产品销售或委托销售的销售模式。

5.3.2 品牌建设

品牌建设决定着合作社未来的发展方向、农产品的具体品质,是存活于市场竞争的重要手段。合作社产品的品牌化能够吸引固定的消费者群体,好的品牌能吸引消费者，同时培养消费者的消费习惯而形成可持续购买力，合作社的品牌创建可以实现农业标准化生产进而与国际接轨，成功的合作社品牌会相应带动周边农村经济的发展。

品牌是一个名称、术语、符号或以上几种的组合，用以识别某个特定的企业或产品或服务，并使之与竞争者区别开来。所以，农产品营销实施品牌战略，必须注意定位、名称、商标、广告语以及包装等一系列问题。

定位问题就是指要考虑自己的产品究竟与别人的产品有什么不同之处，究竟适用于什么样的消费者。譬如说，这个农产品打算针对高端还是低端市场，是强调绿色食品特点还是强调具有药用价值等。

适宜的名称能清楚地传递出自己产品独特的品质和定位，能使好的产品"如虎添翼"。长期以来，农产品的品牌名称往往是"地名"加"品名"，如黄岩蜜橘、西湖龙井。这种只强调共性而不讲究农产品个性的品牌名称方式，在全国农产品统一大市场中，路子越走越窄，导致同一种农产品良莠不齐，竞争无序。因此，在通过农产品原产地保护等措施对传统农产品进行保护的同时，还要通过农产品个性化的品牌战略来增强农产品的竞争力。

只有通过商标注册才能较好地维护品牌利益。一般来说，注册商标要简单醒目、新颖别致、容易发音、配合风俗等。商标注册比较复杂，合作社可以委托专门的机构办理。

好的广告语应该简洁明了，朗朗上口，让人们一下子就了解或联想到这个产品的特征或优势。譬如说，某高山蔬菜的广告语就可以是"来自海拔900米高山上……"，某食品的广告语是"健康好味道"等。

好的包装是"无声的推销员"，能够说明产品的特色、属性和定位，吸引消费者注意力，给消费者以信心，形成有利的总体形象。

5.3.3 储藏加工

食用农产品因其自身的鲜活易腐性，导致采收后损失很大，粮食采后损失达收获量的20%～50%，新鲜易腐水果蔬菜等达25%～80%，所以选择适当的储藏方法，可以避免浪费。农产品经过科学的加工处理，可延长供应时间，调整产品的淡旺季，调节地区余缺，实现周年供应，从而提高农民的整体收益。

采收时期是否适当对产品的产量和采后储藏、运输品质有着很大的影响，储藏前的预处理要根据果蔬的不同类别和各自特点进行分级、整理、预冷、防腐处理等，选择恰当的农产品储存方式，加强温度、湿度、通风等的调控，确保储藏效果。

农产品很多都是鲜活的,因此储存过程中容易发生霉变、鼠害虫害、溶化或结块、氧化、破碎、渗漏等,适宜的储存方法介绍如下(图5-7):

图5-7　农产品储存方法

(1) 常规储存　即不配备其他特殊性技术措施的一般库房储存。这种储存的特点是简便易行,适宜含水分较少的干性耐储农产品的储存。采用这种储存方式应注意两点,一是要通风,二是储存时间不宜过长。如粮食类的储藏。

(2) 窖窑储存　利用地下室、山体空洞等相对密闭空间进行储存。这种储存的特点是储存环境氧气稀薄,二氧化碳浓度较高,能抑制微生物活动和各种害虫的繁殖,而且不易受外界温度、湿度和气压变化的影响,是一种简便易行、经济适用的农产品储存方式。如冬储大白菜、萝卜、马铃薯、大葱等。

(3) 冷库储存　利用人工制冷的仓库进行储存。这种储存的特点是能够延缓微生物的活动,抑制酶的活性,以减弱农产品在储存时的生理化学变化,保持应有品质。如肉类、海鲜冻品等的储藏。

(4) 干燥储存　有自然干燥和人工干燥两种。干燥的目的是为了降低储存环境和农产品本身的湿度,以消除微生物生长繁殖的条件,防止农产品发霉变质。

(5) 密封储存　密封储存虽然投资较大,但储存效果良好,是现代农产品储存研究和发展的方向,适宜各种农产品,特别是鲜活农产品(如果品、蔬菜等)的储存。

(6) 放射线处理储存　利用放射线辐射方法消灭危害农产品的各种微生物和病虫害,延长储存时间。这是一种有效保证农产品质量的"冷态杀菌"储存方式。

5.3.4　包装设计

包装是一个产品品牌的理念、特性、消费心理的综合视觉体现,会直接地对消费者的购买欲望产生影响。在日益发展中,包装与产品已融为一体,成为产品品牌的一部分，起到保护产品、传达产品信息、方便运输、促进销售、提高产品附加值的作用。

农产品包装设计要体现一定的文化特征，从农作物本身寻求文化色彩和文化因子充实到包装设计中，譬如大西北的红高粱、长江下游的香稻谷；包装设计还要体现区域特征，一方水土孕育着颇具一定特色的农产品，农产品包装设计文化内涵的体现就是在对一定区域内的文化进行传播和弘扬；包装设计需要极力思考品牌塑造，充分结合产品品质、环保意识、文化视野和审美能力。

包装中主题文字的设计一般用于商品名称、品牌名称、品牌字等，设计应该突出主题，可以直接把主题文字设计成商标，也可以与商标并列使用，形成一组和谐的商品形象组合，从而有利于消费者识别选购。包装上的说明性文字应该通俗易懂、简短且突出主题，也要注意结合包装的属性搭配适合的字体，字数也不能太多和过于复杂。包装上的广告文字设计一般要朗朗上口、简洁明快、字体灵活多样、有亲切感。包装上的所有文字内容要按照主次关系分段处理，整体版面设计还要考虑商标、提示等图标的编排。

5.3.5 定价策略

农民合作社农产品根据不同的条件，为了达到不同的效果，需要采用一系列定价方式方法。这一系列定价方法统称为定价策略。

（1）新产品定价策略　新产品定价策略分为两种，即取值定价策略和渗透定价策略，如图5-8所示。

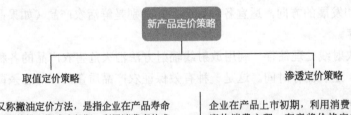

图5-8　新产品定价策略

（2）产品组合定价策略　产品组合定价策略是一个特定销售者售给购买者的一组产品，它包括所有产品线和产品项目。产品组合还具有一定的宽度、长度、深度和黏度。可以通过增加新的农产品的产品线，以扩大产品的宽度；也可以延长它现有的农产品的产品线。

① 产品线定价　根据购买者对同样产品线不同档次产品的需求，精选设计几种不同档次的产品和价格点。对于已经存在的农民合作社农产品，它已经有了一定的市场，我们可以对市场进行调研，分析目标消费群体，根据消费者对这一农民合作社农产品不同档次的农产品的需求，通过改变包装、重量或者该农产品的培育过程等，推出几种不同档次的农民合作社农产品和价格点。

② 附带产品定价　备选产品和附属产品定价，即以较低价销售主产品来吸引顾客，以较高价销售备选和附属产品来增加利润。

（3）心理定价策略　在制定价格时，运用心理学的原理，根据不同类型消费者的购买心理来制定价格，包括尾数定价、整数定价、习惯性定价、声望定价、招徕定价、最小单位定价等。

（4）折扣与折让定价策略　农产品折扣与折让定价策略主要包括四个方面，即现金折扣、数量折扣、季节折扣和折让，如图5-9所示。

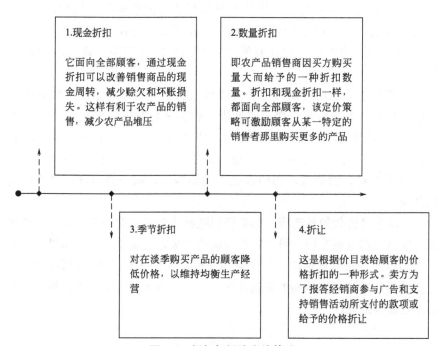

图5-9　折扣与折让定价策略

农产品定价以后合作社还要加强日常价格定位管理，维持渠道内价格体系和产品流向以及产品利润，合作社在与特定消费者进行沟通时必须具有与其价格相一致的明确的价值主张。

5.3.6 谈判技巧

商务谈判是合作社相关负责人在购买物资、服务，以及销售农产品、提供服务时与对方就相关业务的价格、运输、支付方式、交易时间地点、违约责任等进行协商的过程。

谈判技巧归纳起来主要有以下几个方面：

（1）"步步为营，逐渐扩展" 与客户谈判之前要将主要内容和谈判步骤全部罗列出来，并安排先后顺序，对客户将预期提出的一些问题进行初步判断，在没有弄清楚对方的需求之前切忌将自己的想法先行表述，要一个一个陈述、一个一个商讨解决方案，不要在第一个问题没有解决之前就提出第二个问题。

（2）信心十足、谦虚谨慎 谈判过程要对自己合作社的品牌、产品品质、服务等充分自信，同时在与对方的谈判中所体现出来的语音语言与肢体语言一定是大方、自信的，用热情与自信形成强大的磁场，以此营造活跃、热烈的谈判氛围，用以感染对方。同时，在倾听对方阐述其观点和诉求时，要保持谦虚谨慎的态度，要认真听取对方的诉求与期望，谨慎给予答复与承诺。

（3）双赢才是成功的谈判 任何谈判，既然是双方约定在谈判桌前来面谈，就是代表双方各自带着自己的期望和想法来与对方达成平衡点。既然是双方共同都有期望，且要达成平衡点，那就需要各自除了阐明自己的期望与想法，还得兼顾与尊重对方的期望与想法，双方在基于同理心的沟通前提下，充分了解对方的期望，再结合己方的期望，达成一致看法，最终达到双赢的结果。

（4）准备可替代的备选项 如果谈判能够达到双方的期望，同时又没有越过双方能接受的最低范围，最终达成双赢的结果这是最理想的。如果因为某些方面的原因，没法有效达成双方利益的平衡，且又不想让谈判破裂的情况下，那就需要提前准备解决争端的备选预案，以此来满足对方的要求，最终达成比较理想的谈判结果。

5.4 合作社融资

在农民专业合作社功能不断增强的同时,资本密集程度也上升,而资金缺乏、融资困难限制了农民专业合作社的发展并削弱了其在市场中的竞争能力。当前我国农民合作社开始逐步向农业生产资料共同购买、农产品共同销售、农产品初级加工和深加工、大中型农业机械共同利用、土地合作经营、小型水利基础设施建设、内部成员资金互助、联合运输等多个领域拓展,功能的拓展和产业链的延伸大大增加了其对于资金的需求水平。

以合作社的经营收入、股金和会费为主要资金来源的单一内部融资渠道严重制约了农民专业合作社自身融资多元化发展,必须积极拓展融资渠道才能筹集生产和发展所需资金。融资渠道有以下几方面:

5.4.1 金融贷款

农民专业合作社金融贷款是指以合作社组织或其成员个人的名义向辖内农村信用社等金融机构申请贷款获得经营资金。

金融贷款资金用途包括:购买大、中型农业机具;统一采购社员从事种植业、养殖业所需物资;统一收购、销售社员农产品;建设标准化生产基地、建造产品分级仓储场所、购买各类包装和加工设施、购置冷藏保鲜设施和运输设备等;用于生产经营的其他用途。

农民专业合作社向金融机构申请贷款应具备的条件如图5-10所示。

农民专业合作社及其成员的贷款额度分别根据信用状况、资产负债情况、综合还款能力和经营效益等情况合理确定,原则上不超过其净资产的70%,农民专业合作社贷款期限原则上不超过1年,对农民专业合作社成员的贷款原则上不超过2年;贷款利率实行政府财政支持下的优惠利率。

金融贷款合作社组织的担保方式包括保证、抵押或质押,包括龙头企业担保、政府担保、资产担保、保险公司担保等;成员个人的担保方式包括"农户联保+互助金担保""农户联保+农民专业合作社担保""农户联保+互助金担保+农民专业合作社担保"或其他担保方式。

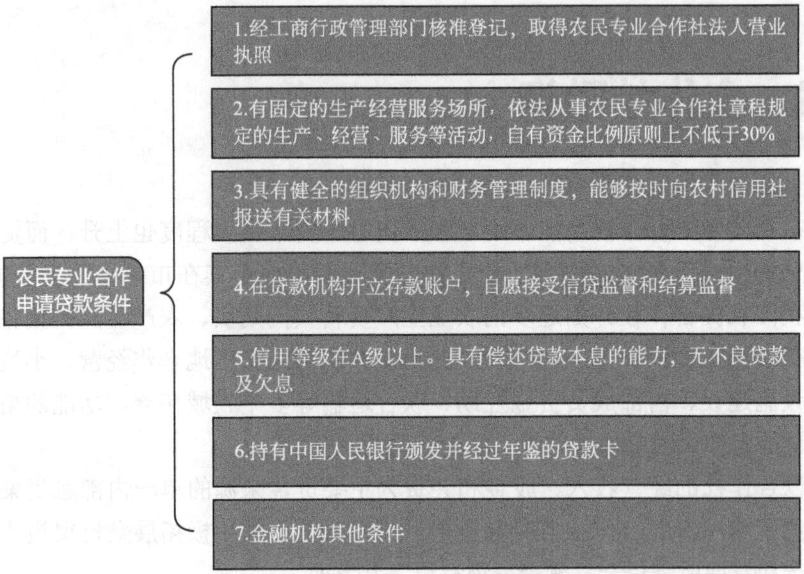

农民专业合作申请贷款条件：

1. 经工商行政管理部门核准登记，取得农民专业合作社法人营业执照
2. 有固定的生产经营服务场所，依法从事农民专业合作社章程规定的生产、经营、服务等活动，自有资金比例原则上不低于30%
3. 具有健全的组织机构和财务管理制度，能够按时向农村信用社报送有关材料
4. 在贷款机构开立存款账户，自愿接受信贷监督和结算监督
5. 信用等级在A级以上。具有偿还贷款本息的能力，无不良贷款及欠息
6. 持有中国人民银行颁发并经过年鉴的贷款卡
7. 金融机构其他条件

图5-10　农民专业合作社申请贷款条件

5.4.2　民间借款

农民专业合作社民间借款是指向合作社成员、业务相关企业或其他组织借入短期资金并承诺到期支付本息的筹资方式。

民间借款必须签订合法的借款合同，注明借款金额、资金用途、还款时间、利息费用、违约责任、担保条件等。

业务相关企业包括农机、种子、苗圃、化肥等生产物资供给企业，粮油加工、超市、贸易公司等农产品销售客户。

其他组织包括农民资金互助社、典当行、国际农合组织、涉农外企等。

民间借款偿还既可以采用现金偿还，还可以用生产的农产品或提供服务偿还。

5.4.3　融资租赁

融资租赁是指租赁公司根据合作社的请求，与第三方（供货商）订立供货合同，根据此合同，租赁公司出资向供货商购买合作社选定的设备并订立一项租赁合同，将设备出租给合作社并收取一定的租金的融资方式。

融资租赁是租赁公司根据合作社对租赁物件的特定要求和对供货人的选择，

出资向供货人购买租赁物件，并租给合作社使用，合作社则分期向租赁公司支付租金，在租赁期内租赁物件的所有权属于租赁公司所有，合作社拥有租赁物件的使用权。租期届满，租金支付完毕并且合作社根据融资租赁合同的规定履行完全部义务后，租赁物件所有权归合作社所有。

融资租赁是集融资与融物、贸易与技术更新于一体的新型金融产业。由于其融资与融物相结合的特点，出现问题时租赁公司可以回收、处理租赁物，因而在办理融资时对合作社资信和担保的要求不高。

融资租赁以合作社占用融资成本的时间计算租金，还可将摊提的折旧费从应纳税收入中扣除。通过融资租赁提高农业生产质量与效率，适用于需求大型机械或批量农机的合作社。

5.5 信息化建设

农业信息化是指在农业领域全面地发展和应用现代信息技术，使之渗透到农业生产、市场、消费以及农村社会、经济、技术等各个具体环节的全过程。

合作社要成为现代农业经营组织必须要以现代物质技术装备、现代经营管理方式作支撑，不断提升市场竞争能力、提高内部规范化管理水平和成员素质。合作社只有加强信息化建设，才能充分利用信息网络所能够提供的低成本、多样化、广覆盖的信息传播、知识扩散机遇，向广大农民及时有效传授各种先进实用的专业技术知识，提供多样化的信息咨询服务，在更大范围、更高层次、更广领域开阔农民视野、提高成员素质。

信息化建设的主要内容包括财务管理、对外网站、视频监控、质量安全追溯、环境监测、节水灌溉、测土配方施肥、大数据、物联网、云服务、移动互联、智能农机具、农用航空、电子商务、物流配送等。

电子商务和物流配送成为当前合作社信息化建设的重要着力点。合作社普遍开始树立网络营销的意识，尝试多元化发展电子商务。比较典型的发展模式有：一是入驻淘宝、京东、1号店等成熟电商平台开设网店模式，这是当前合作社农产品电子商务的主流模式；二是合作社自建平台模式，合作社建立自己独立的网站，对产品进行分类、详细介绍，兼有"购物车"，可以在线购买、在线支付；三是垂直电商模式，如大连"菜管家"、武汉"家事易"等，形成了以网络为交易平台、以实体店或终端配送为支撑的"基地＋终端配送"模式。

农民专业合作社应根据不同区域、不同层次、不同规模、不同专业制定不同的有针对性的信息化建设，选择不同需求、普适化、低成本化的农业信息技术产品，逐步加大对集成化、高度自动化、专业化的农业信息技术的应用，加大对土地精细平整设备、变量作业装备、农用车辆自动导航等高度智能化的农田作业智能技术的应用，积极引入农业物联网感知技术、数据传输技术、智能处理技术、农业物联网云服务等。

信息化建设是需要全社会参与的系统工程，合作社可采用资金入股、技术入股、装备入股等模式引导政府、企业、科研院所等社会多方参与建设，增强合作社信息化发展力量。

第6章 农民专业合作社的财务会计

6.1 合作社财务会计概述

2007年财政部出台了《农民专业合作社财务会计制度（试行）》（以下简称制度），从2008年1月1日起施行。按此制度规定各个合作社都应设置和使用会计科目，登记会计账簿，编制会计报表。其中，会计核算采用权责发生制，会计记账方法采用借贷记账法。

合作社会计信息应定期、及时地向本合作社成员公开，接受成员的监督；财政部门依照《会计法》规定职责，对合作社的会计工作进行管理和监督；农村经营管理部门依照《中华人民共和国农民专业合作社法》和相关法规政策等，对合作社会计工作进行指导和监督。

农民专业合作社会计制度力求简化，方便执行，内容主要集中在现阶段农民专业合作社常见的业务和交易上，对不常见的业务和交易采用合并、简化等处理方法。在日常核算中应主要设置的科目如表6-1所示。

表6-1 会计科目表

顺序号	科目编号	科目名称
		一、资产类
1	101	库存现金
2	102	银行存款
3	113	应收款
4	114	成员往来

续表

顺序号	科目编号	科目名称
5	121	产品物资
6	124	委托加工物资
7	125	委托代销商品
8	127	受托代购商品
9	128	受托代销商品
10	131	对外投资
11	141	牲畜（禽）资产
12	142	林木资产
13	151	固定资产
14	152	累计折旧
15	153	在建工程
16	154	固定资产清理
17	161	无形资产
		二、负债类
18	201	短期借款
19	211	应付款
20	212	应付工资
21	221	应付盈余返还
22	222	应付剩余盈余
23	231	长期借款
24	235	专项应付款
		三、所有者权益类
25	301	股金
26	311	专项基金
27	321	资本公积
28	322	盈余公积
29	331	本年盈余
30	332	盈余分配
		四、成本类
31	401	生产成本
		五、损益类
32	501	经营收入
33	502	其他收入
34	511	投资收益
35	521	经营支出
36	522	管理费用
37	529	其他支出

《农民专业合作社财务会计制度（试行）》规定：合作社在经营中涉及使用外埠存款、银行汇票存款、银行本票存款、信用卡存款、信用证保证金存款等各种其他货币资金的，可增设"其他货币资金"科目（科目编号109）；合作社在经营中大量使用包装物，需要单独对其进行核算的，可增设"包装物"科目（科目编号122）；合作社生产经营过程中，有牲畜（禽）资产、林木资产以外的其他农业资产，需要单独对其进行核算的，可增设"其他农业资产"科目（科目编号149），参照"牲畜（禽）资产""林木资产"进行核算；合作社需要分年摊销相关长期费用的，可增设"长期待摊费用"科目（科目编号171）。

6.1.1　合作社财务体系建立

对于刚刚成立的农民专业合作社，应该按照财政部制定的《农民专业合作社财务会计制度》要求建立财务核算新账。

合作社建账的主要流程如图6-1所示。

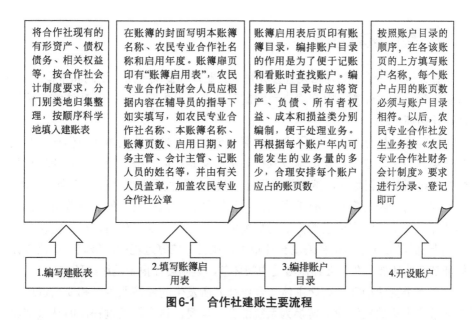

图6-1　合作社建账主要流程

对于已经成立的农民专业合作社进行会计核算的，建立新账前还要进行以下两个步骤：

（1）结清旧账　结清旧账、建立新账是会计年度工作的结束与开始。合作社年终决算分配以后，应及时将旧账结清，以便存档，并为下一年度建立新账做好准备。结清就是把凡有余额的账户，都要将余额结转下年，使所有的账户余额归零。其具体做法是：在12月份合计的下一行"摘要"栏里写明"全年累计"字样，计算出全年累计发生额并记入本行"发生额"栏里，用年初余额+全年累计借方发生额（全年累计贷方发生额）来复查一下余额计算是否正确，然后记入本行"余额"栏里，在下一行"摘要"栏里写明"结转下年"字样，将余额的金额记在与其账方向相反的一方，在"余额"栏里记入"0"。除在12月份合计一行的上方画一双红线以外，还要在本页的所有空行中自上而下、自右向左画一条斜红线，以表示封结旧账。

（2）登记"上年结转"余额 凡是上年年末有余额的账户，在建账时都必须依据建账表登记到新账的有关账户里，不需要编制记账凭证。在新账中有上年余额的账户的第一行"摘要"栏里写入"上年结转"，金额记在"余额"栏里，并指明余额的记账方向，如"借"或"贷"。不要填写到"发生额"栏，以免增加"发生额"总额。至此，新账建成，新的一年财务核算工作开始运行。

农民专业合作社可根据自身实际情况选择单独设立财务部门或聘请兼职会计。农民专业合作社的会计工作岗位主要有会计主管、出纳及记账会计。

6.1.2 会计核算方法

会计核算方法主要是指设置会计科目及账户、复式记账、填制和审核凭证、登记账簿、成本计算、财产清查和编制财务会计报告等方法，会计核算方法构成会计循环过程。

这些会计核算方法反映了会计核算的全过程。当会计主体（合作社）的经济业务发生后，首先，要填制或取得并审核原始凭证，按照设置的会计科目和账户，运用复式记账法，编制记账凭证；其次，要根据会计凭证登记会计账簿，然后根据会计账簿资料和有关资料，对生产经营过程中发生的各项费用进行成本计算，并依据财产清查的方法对账簿的记录加以核实；最后，在账实相符的基础上，根据会计账簿资料编制会计报表。在会计核算过程中，填制和审核会计凭证是开始环节，登记会计账簿是中间环节，编制会计报表是终结环节。

在一个会计期间，会计主体（合作社）所发生的经济业务，都要通过这三个环节将大量的经济业务转换为系统的会计信息。这个转换过程，即从填制和审核会计凭证开始，经过登记会计账簿，直至编制出会计报表周而复始的变化过程，就是一般称谓的会计循环。在这个循环过程中，以三个环节为联结点，联结其他的核算方法，从而构成了一个完整的会计核算方法体系。

在会计核算中，对于同样的经济业务可能有不同的备选会计方法。但无论选择哪种会计处理方法，均应遵循规范化原则、准确性原则、及时性原则。

6.2 农民专业合作社资产的核算

资产是企业拥有或控制的,预期能为企业带来经济效益的经济资源。合作社的资产分为流动资产、农业资产、对外投资、固定资产和无形资产等。

6.2.1 流动资产的核算

农民专业合作社的流动资产包括货币资金(现金、银行存款)、应收款项、存货等。

(1) 货币资金的核算

【例6-1】惠农果蔬专业合作社以银行存款购买机械零配件,价值6 590元,机械零配件验收入库。

借:产品物资　　　　　　　　　　　　　　6 590
　　贷:银行存款　　　　　　　　　　　　　6 590

【例6-2】惠农果蔬专业合作社将取得的其他业务收入6470存入银行。

借:银行存款　　　　　　　　　　　　　　6 470
　　贷:其他收入　　　　　　　　　　　　　6 470

【例6-3】惠农果蔬专业合作社以现金购买化肥50吨,单价1 500元,验收入库。

借:产品物资　　　　　　　　　　　　　　75 000
　　贷:库存现金　　　　　　　　　　　　　75 000

(2) 应收款项的会计核算　合作社的应收款项划分为两类:一是合作社与外部单位和个人发生的应收及暂付款项,为外部应收款,以"应收款"科目核算;二是合作社与所属单位和社员发生的应收及暂付款项,为内部应收款,以"成员往来"科目核算。

① 应收款　"应收款"科目核算合作社与非成员之间发生的各种应收以及暂付款项,包括因销售产品物资、提供劳务应收取的款项以及应收的各种赔款、罚款、利息等。

合作社发生各种应收及暂付款项时,借记"应收款"科目,贷记"经营收入""库存现金""银行存款"等科目；收回款项时，借记"库存现金""银行存款"等科目，贷记"应收款"科目。取得用暂付款购得的产品物资、劳务时，借记"产品物资"等科目，贷记"应收款"科目。对确实无法收回的应收及暂付款项，按规定程序批准核销时，借记"其他支出"科目，贷记"应收款"科目。本科目应按应收及暂付款项的单位和个人设置明细科目，进行明细核算。本科目期末借方余额，反映合作社尚未收回的应收及暂付款项。

【例6-4】惠农果蔬专业合作社将自产的玉米销售给种子公司，共计3000斤（1斤＝500克），单价1.1元，款项尚未收到。

借：应收款——种子公司　　　　　　　　　　3 300
　　贷：经营收入　　　　　　　　　　　　　3 300

【例6-5】亿磊食用菌合作社预付给外地商户丁某订购食用菌款项4 000元。后由于特殊原因未能找到丁某，致使预付款无法收回，经批准后核销。

A.支付预付款
借：应收款——丁某　　　　　　　　　　　　4 000
　　贷：库存现金　　　　　　　　　　　　　4 000

B.核销预付款
借：其他支出　　　　　　　　　　　　　　　4 000
　　贷：应收款——丁某　　　　　　　　　　4 000

② 成员往来　"成员往来"科目核算合作社与其成员的经济往来业务，是一个双重性质的账户，凡是合作社与所属单位和社员发生的经济往来业务，都通过本账户进行会计核算。也就是说，它既核算合作社与所属单位和社员发生的各种应收及暂付款项业务，也核算各种应付及暂收款项业务。

合作社与其成员发生应收款项和偿还应付款项时，借记"成员往来"科目，贷记"库存现金""银行存款"等科目；收回应收款项和发生应付款项时，借记"库存现金""银行存款"等科目，贷记"成员往来"科目。合作社为其成员提供农业生产资料购买服务，按实际支付或应付的款项，借记"成员往来"科目，贷记"库存现金""银行存款""应付款"等科目；按为其成员提供农业生产资料购买而应收取的服务费，借记"成员往来"科目，贷记"经营收入"等科目；收到成员给付的农业生产资料购买款项和服务费时，借记"库存现金""银行存款"等科目，贷记"成员往来"科目。合作社为其成员提供农产品销售服务，收到成员交来的产品时，按合同或协议约定的价格，借记"受托代销商品"

等科目，贷记"成员往来"科目。

本科目应按合作社成员设置明细科目，进行明细核算。本科目下属各明细科目的期末借方余额合计数反映成员欠合作社的款项总额；期末贷方余额合计数反映合作社欠成员的款项总额。各明细科目年末借方余额合计数应在资产负债表"应收款项"反映；年末贷方余额合计数应在资产负债表"应付款项"反映。

【例6-6】众润渔业合作社成员张某向本社借款8 000元，用于临时周转。合作社以银行存款转账支付。

借：成员往来——张某　　　　　　　　　　　　8 000
　　贷：银行存款　　　　　　　　　　　　　　　　8 000

【例6-7】众润渔业合作社收到张某偿还的前借款项8 000元。

借：库存现金　　　　　　　　　　　　　　　　8 000
　　贷：成员往来——张某　　　　　　　　　　　　8 000

【例6-8】众润渔业合作社向本社成员李某销售捕鱼用新渔叉及渔网1 000元，该渔叉及渔网成本为660元，价款暂未收到。

借：成员往来——李某　　　　　　　　　　　　1 000
　　贷：经营收入　　　　　　　　　　　　　　　　1 000

同时，结转成本，

借：经营支出　　　　　　　　　　　　　　　　660
　　贷：产品物资　　　　　　　　　　　　　　　　660

【例6-9】惠农果蔬专业合作社为其成员李某提供农产品销售服务，收到成员交来的黄豆，协议约定的价格共计4 350元。

借：受托代销商品　　　　　　　　　　　　　　4 350
　　贷：成员往来——李某　　　　　　　　　　　　4 350

【例6-10】小强养猪专业合作社2014年2月5日为本社社员李立提供饲料购买服务，协议价格11 000元。收到李立支付的现金11 000元，合作社当即存入信用社。2014年2月15日该合作社为李立购买饲料，实际价款10 300元，以银行存款支付，饲料验收入库。2014年2月17日，合作社将该批饲料交给李立，并结算收入。

A.收到李立支付现金

借：银行存款　　　　　　　　　　　　　　　　11 000
　　贷：成员往来——李立　　　　　　　　　　　　11 000

B.购买饲料

借：受托代购商品——饲料　　　　　　　　　　　　10 300

　　贷：银行存款　　　　　　　　　　　　　　　　　10 300

C.交货并结算

借：成员往来——李立　　　　　　　　　　　　　　11 000

　　贷：受托代购商品——饲料　　　　　　　　　　　10 300

　　　　经营收入——代购收入　　　　　　　　　　　　700

（3）存货的核算　合作社的存货包括种子、化肥、燃料、农药、原材料、机械零配件、低值易耗品、在产品、农产品、工业产成品、受托代销商品、受托代购商品、委托代销商品和委托加工物资等。分别在"产品物资""委托加工物资""委托代销商品""受托代购商品"和"受托代销商品"五个科目下核算。

存货应按下列计价原则计价：购入的物资按照买价加运输费、装卸费等费用及运输途中的合理损耗等计价；受托代购商品视同购入的物资计价；生产入库的农产品和产成品，按生产过程中发生的实际支出计价；委托加工物资验收入库时，按照委托加工物资的成本加上实际支付的全部费用计价；受托代销商品按合同或协议约定的价格计价，出售受托代销商品时，实际收到的价款大于合同或协议约定价格的差额计入经营收入，实际收到的价款小于合同或协议约定价格的差额计入经营支出；委托代销商品按委托代销商品的实际成本计价。领用或出售的出库存货成本的确定，可在"加权平均法""个别计价法"等方法中任选一种，一经选定，不得随意变动。

合作社对存货要定期盘点核对，做到账实相符，每年年末必须进行一次全面的盘点清查。盘亏、毁损和报废的存货，按规定程序批准后，按实际成本扣除应由责任人或者保险公司赔偿的金额和残料价值后的余额，计入其他支出。

合作社应当建立健全存货内部控制制度，建立保管人员岗位责任制。存货入库时，保管员清点验收入库，填写入库单；出库时，由保管员填写出库单，主管负责人批准，领用人签名盖章，保管员根据批准后的出库单出库。

①产品物资　"产品物资"科目核算：合作社库存的各种产品和物资，按产品物资品名设置明细科目，进行明细核算。合作社购入并已验收入库的产品物资，按实际支付或应支付的价款，借记"产品物资"科目，贷记"库存现金""银行存款""成员往来""应付款"等科目。合作社生产完工以及委托外单位加工完成并已验收入库的产品物资，按实际成本，借记"产品物资"科目，贷记"生产成本""委托加工物资"等科目。产品物资销售时，按实现的销售

收入，借记"库存现金""银行存款""应收款"等科目，贷记"经营收入"科目；按销售产品物资的实际成本，借记"经营支出"科目，贷记"产品物资"科目。产品物资领用时，借记"生产成本""在建工程""管理费用"等科目，贷记"产品物资"科目。合作社的产品物资应当定期清查盘点。盘亏和毁损产品物资，经审核批准后，按照责任人和保险公司赔偿的金额，借记"成员往来""应收款"等科目，按责任人或保险公司赔偿金额后的净损失，借记"其他支出"科目，按盘亏和毁损产品物资的账面余额，贷记"产品物资"科目。本科目期末借方余额，反映合作社库存产品物资的实际成本。

【例6-11】亿丰养蜂专业合作社为加工蜂蜜，发生下列业务：

A. 购进辅助材料一批，发票注明价款5 000元，货款已用银行存款支付。

借：产品物资——材料　　　　　　　　　　5 000
　　贷：银行存款　　　　　　　　　　　　　　5 000

B. 加工蜂蜜饮料，领用蜂蜜1 500千克，单价10元。

借：生产成本　　　　　　　　　　　　　　15 000
　　贷：产品物资——材料　　　　　　　　　　15 000

C. 生产车间将蜂蜜加工成饮料，当月共加工饮料10 000瓶，单位成本15元，共计150 000元。

借：产品物资　　　　　　　　　　　　　　150 000
　　贷：生产成本　　　　　　　　　　　　　　150 000

D. 对外销售5 000瓶，每瓶售价40元。

借：银行存款　　　　　　　　　　　　　　200 000
　　贷：经营收入　　　　　　　　　　　　　　200 000

E. 月底，结转销售商品的成本。

借：经营支出　　　　　　　　　　　　　　100 000
　　贷：产品物资　　　　　　　　　　　　　　100 000

② 委托加工物资　"委托加工物资"科目核算合作社委托外单位加工的各种物资的实际成本。发给外单位加工的物资，按委托加工物资的实际成本，借记"委托加工物资"科目，贷记"产品物资"等科目。按合作社支付该项委托加工的全部费用（加工费、运杂费等），借记"委托加工物资"科目，贷记"库存现金""银行存款"等科目。加工完成验收入库的物资，按加工收回物资的实际成本和剩余物资的实际成本，借记"产品物资"等科目，贷记"委托加工物资"科

目。本科目应按加工合同和受托加工单位等设置明细账，进行明细核算。本科目期末借方余额，反映合作社委托外单位加工但尚未加工完成物资的实际成本。

【例6-12】亿丰养蜂专业合作社加工蜂蜜饮料，委托外单位进行灌装，发出半成品甲材料60 000元，辅助乙材料15 000元，应负担加工费用45 00元，运输费用1 000元。

A. 发出委托加工物资
借：委托加工物资　　　　　　　　　　75 000
　　贷：产品物资——甲材料　　　　　　　　60 000
　　　　　　　　——乙材料　　　　　　　　15 000

B. 支付加工费用
借：委托加工物资　　　　　　　　　　 4 500
　　贷：银行存款　　　　　　　　　　　　　4 500

C. 支付运杂费
借：委托加工物资　　　　　　　　　　 1 000
　　贷：银行存款　　　　　　　　　　　　　1 000

D. 收回委托加工物资以备对外销售
借：产品物资　　　　　　　　　　　　80 500
　　贷：委托加工物资　　　　　　　　　　　80 500

③ 委托代销商品　"委托代销商品"科目核算合作社委托外单位销售的各种商品的实际成本。发给外单位销售商品时，按委托代销商品的实际成本，借记"委托代销商品"科目，贷记"产品物资"等科目。收到代销单位报来的代销清单时，按应收金额，借记"应收款"科目，按应确认的收入，贷记"经营收入"科目；按应支付的手续费等，借记"经营支出"科目，贷记"应收款"科目；同时，按代销商品的实际成本（或售价），借记"经营支出"等科目，贷记"委托代销商品"科目；收到代销款时，借记"银行存款"等科目，贷记"应收款"科目。本科目应按代销商品或委托单位等设置明细账，进行明细核算，期末借方余额，反映合作社委托外单位销售但尚未收到代销商品款的商品的实际成本。

【例6-13】通关三堡禽兴合作社委托中旺超市销售500箱鸡蛋，每箱鸡蛋成本为30元，零售价每箱50元。协议按销售收入的5%作为手续费。

A. 发出500箱鸡蛋时，会计分录为

借：委托代销商品　　　　　　　　　　　　　15 000
　　贷：产品物资　　　　　　　　　　　　　　　15 000
B. 收到已销售500箱鸡蛋的清单时
借：应收款——中旺超市　　　　　　　　　　25 000
　　贷：经营收入　　　　　　　　　　　　　　　25 000
C. 结转成本时
借：经营支出　　　　　　　　　　　　　　　15 000
　　贷：委托代销商品　　　　　　　　　　　　　15 000
D. 提取手续费用时
借：经营支出　　　　　　　　　　　　　　　1 250
　　贷：应收款——中旺超市　　　　　　　　　　1 250
E. 实际收到销售款时
借：银行存款　　　　　　　　　　　　　　　23 750
　　贷：应收款——中旺超市　　　　　　　　　　23 750

④ 受托代销商品　"受托代销商品"科目核算合作社接受委托代销商品的实际成本。合作社收到委托代销商品时，按合同或协议约定的价格，借记"受托代销商品"科目，贷记"成员往来"等科目。合作社售出受托代销商品时，按实际收到的价款，借记"库存现金""银行存款"等科目，按合同或协议约定的价格，贷记"受托代销商品"科目，如果实际收到的价款大于合同或协议约定的价格，按其差额，贷记"经营收入"等科目；如果实际收到的价款小于合同或协议约定的价格，按其差额，借记"经营支出"等科目。合作社给付委托方代销商品款时，借记"成员往来"等科目，贷记"库存现金""银行存款"等科目。本科目应按委托代销方设置明细账，进行明细核算，期末借方余额，反映合作社尚未售出的受托代销商品的实际成本。

【例6-14】盛东产销专业合作社接受本社社员李四委托代销生姜3 000千克，协议价格每千克2.3元，货物售出后结清代销款。合作社当月实现对外销售，每千克售价2.5元，货款已收回存入银行。
　A. 收到委托代销产品时
　借：受托代销商品——李四　　　　　　　　　6 900
　　　贷：成员往来——李四　　　　　　　　　　　6 900

B. 售出商品收到货款时

借：银行存款 7 500
　　贷：受托代销商品——李四 6 900
　　　　经营收入——代销收入 600

C. 合作社与委托代销方结算代销款时

借：成员往来——李四 6 900
　　贷：银行存款 6 900

⑤ 受托代购商品 "受托代购商品"科目核算合作社接受委托代为采购商品的实际成本。合作社收到受托代购商品款时，借记"库存现金""银行存款"等科目，贷记"成员往来"等科目。合作社受托采购商品时，按采购商品的价款，借记"受托代购商品"科目，贷记"库存现金""银行存款""应付款"等科目。合作社将受托代购商品交付给委托方时，按代购商品的实际成本，借记"成员往来""应付款"等科目，贷记"受托代购商品"科目；如果受托代购商品收取手续费，按应收取的手续费，借记"成员往来"等科目，贷记"经营收入"科目。收到手续费时，借记"库存现金""银行存款"等科目，贷记"成员往来"等科目。本科目应按受托方设置明细账，进行明细核算，期末借方余额，反映合作社受托采购尚未交付商品的实际成本。

【例6-15】小强养猪专业合作社接受本社成员兴旺生猪公司委托购买饲料，收到委托款7 200元，存入银行。当月用银行存款购买饲料5 000千克，成本每千克1.20元，并将饲料交付兴旺公司。会计分录为：

A. 接受委托购买，收到银行存款7 200元

借：银行存款 7 200
　　贷：成员往来——兴旺公司 7 200

B. 购买饲料

借：受托代购商品 6 000
　　贷：银行存款 6 000

C. 交付委托方时，并结清款项

借：成员往来——兴旺公司 7 200
　　贷：受托代购商品 6 000
　　　　库存现金 1 200

如果协议手续费为商品的5%，6 000×5% =300，则
借：成员往来　　　　　　　　　　　　　　　7 200
　　贷：受托代购商品　　　　　　　　　　　　6 000
　　　　经营收入　　　　　　　　　　　　　　　300
　　　　库存现金　　　　　　　　　　　　　　　900

【例6-16】小康农业种植专业合作社，年末进行财产清查发现蔬菜包装盒短缺，价值700元，查明属于意外损坏。经董事会研究决定由责任人外请工人李玲赔偿300元，合作社承担400元。

A. 确认损坏时
借：应收款——李玲　　　　　　　　　　　　　300
　　其他支出——包装盒短缺　　　　　　　　　 400
　　贷：产品物资——包装盒　　　　　　　　　　700

B. 收到责任人赔偿时
借：库存现金　　　　　　　　　　　　　　　　300
　　贷：应收款——李玲　　　　　　　　　　　　300

6.2.2　长期资产的核算

农民专业合作社的长期资产包括对外投资、农业资产、固定资产及其他资产。

（1）对外投资　农民专业合作社根据国家法律、法规规定，可以采用货币资金、实物资产、无形资产等对外投资。

"对外投资"科目核算合作社持有的各种对外投资，包括股票投资、债券投资和合作社兴办企业等投资。本科目应按对外投资的种类设置明细科目，进行明细核算，期末借方余额，反映合作社对外投资的实际成本。

合作社以现金或实物资产（含牲畜和林木）等方式进行对外投资时，按照实际支付的价款或合同、协议确定的价值，借记"对外投资"科目，贷记"库存现金""银行存款"等科目，合同或协议约定的实物资产价值与原账面余额之间的差额，借记或贷记"资本公积"科目。

收回投资时，按实际收回的价款或价值，借记"库存现金""银行存款"等科目，按投资的账面余额，贷记"对外投资"科目，实际收回的价款或价值与账面余额的差额，借记或贷记"投资收益"科目。

被投资单位宣告分配现金股利或利润时，借记"应收款"等科目，贷记"投资收益"等科目；实际收到现金股利或利润时，借记"库存现金""银行存款"等科目，贷记"应收款"科目；获得股票股利时，不作账务处理，但应在备查簿中登记所增加的股份。

投资发生损失时，按规定程序批准后，按照应由责任人和保险公司赔偿的金额，借记"应收款""成员往来"等科目，按照扣除由责任人和保险公司赔偿的金额后的净损失，借记"投资收益"科目，按照发生损失对外投资的账面余额，贷记"对外投资"科目。

【例6-17】众利养殖专业合作社，经社员代表大会决议通过，以银行存款向本乡民俗旅游公司投资120 000元，双方协议约定：乡民俗旅游公司按投资额的3%支付股息，每年年末一次支付，不计复利。该畜禽养殖专业合作社支付投资款时，应编制会计分录如下。

借：对外投资——乡民俗旅游公司　　　　　120 000
　　贷：银行存款　　　　　　　　　　　　　120 000

【例6-18】上述众利养殖专业合作社收回对乡民俗旅游公司的投资120 000元，同时结算当年股息3 600元，款项收回存入银行。

借：银行存款　　　　　　　　　　　　　　123 600
　　贷：对外投资——乡民俗旅游公司　　　　120 000
　　　　投资收益——股息收入　　　　　　　　3 600

【例6-19】众利养殖专业合作社年终结算，收到被投资企业本乡民俗旅游公司分配股利结算单，合作社应得股利3 000元，乡民俗旅游公司尚未支付。

借：应收款——乡民俗旅游公司　　　　　　3 000
　　贷：投资收益——股息收入　　　　　　　3 000

【例6-20】数日后，上述众利养殖专业合作社收到乡民俗旅游公司支付股利3 000元，转存银行。

借：银行存款　　　　　　　　　　　　　　3 000
　　贷：应收款——乡民俗旅游公司　　　　　3 000

【例6-21】民富源农牧产品专业合作社以取奶机对乡奶牛厂进行联营投资，期限2年，该取奶机账面价值21 000元，已提折旧8 000元，经评估确定其价值为14 000元。

确认对外投资价值：

```
借：对外投资——其他投资        14 000
    累计折旧                    8 000
  贷：固定资产——取奶机                    21 000
    资本公积                              1 000
```

（2）农业资产　农民专业合作社的农业资产包括牲畜（禽）资产和林木资产等。农业资产的价值构成与其他资产的价值构成有明显差别，主要体现在生物的生长会使农业资产的价值增加。

农业资产一般按三种方法计价，如图6-2所示。

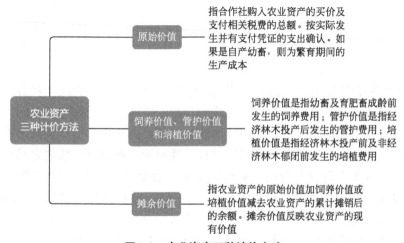

图6-2　农业资产三种计价方法

农业资产具有特殊的生物性，其价值随着生物的出生、成长、衰老、死亡等自然规律和生产经营活动不断变化。为适应这一特点，农民专业合作社财务会计制度规定了农业资产按下列原则计价：①购入的农业资产按照购买价及相关税费等计价；②幼畜及育肥畜的饲养费用、经济林木投产前的培植费用、非经济林木郁闭前的培植费用按实际成本计入相关资产成本；③产役畜、经济林木投产后，应将其成本扣除预计残值后的部分在其正常生产周期内按直线法分期摊销，预计净残值率按照产役畜、经济林木成本的5%确定，已提足折耗但未处理仍继续使用的产役畜、经济林木不再摊销；④农业资产死亡毁损时，按规定程序批准后，按实际成本扣除应由责任人或者保险公司赔偿的金额后的差额，计入其他收支；合作社其他农业资产，可比照牲畜（禽）资产和林木资产的计价原则处理。

① 牲畜（禽）资产 牲畜（禽）资产是指农民专业合作社农业资产中的动物资产，主要有幼畜及育肥畜和产役畜（包括特种水产）。为全面反映和监督农民专业合作社牲畜（禽）资产的情况，应设置"牲畜（禽）资产"科目，核算农民专业合作社购入或培育的牲畜（禽）的成本。

牲畜（禽）资产分幼畜及育肥畜和产役畜两类。合作社购入幼畜及育肥畜时，按购买价及相关税费，借记本科目（幼畜及育肥畜），贷记"库存现金""银行存款""应付款"等科目；发生的饲养费用，借记本科目（幼畜及育肥畜），贷记"应付工资""产品物资"等科目。幼畜成龄转作产役畜时，按实际成本，借记本科目（产役畜），贷记本科目（幼畜及育肥畜）。产役畜的饲养费用不再记入本科目，借记"经营支出"科目，贷记"应付工资""产品物资"等科目。产役畜的成本扣除预计残值后的部分应在其正常生产周期内，按照直线法分期摊销，借记"经营支出"科目，贷记本科目（产役畜）。幼畜及育肥畜和产役畜对外销售时，按照实现的销售收入，借记"库存现金""银行存款""应收款"等科目，贷记"经营收入"科目；同时，按照销售牲畜的实际成本，借记"经营支出"科目，贷记本科目。以幼畜及育肥畜和产役畜对外投资时，按照合同、协议确定的价值，借记"对外投资"科目，贷记本科目，合同或协议确定的价值与牲畜资产账面余额之间的差额，借记或贷记"资本公积"科目。牲畜死亡毁损时，按规定程序批准后，按照过失人及保险公司应赔偿的金额，借记"成员往来""应收款"科目，如发生净损失，则按照扣除过失人和保险公司应赔偿金额后的净损失，借记"其他支出"科目，按照牲畜资产的账面余额，贷记本科目；如产生净收益，则按照牲畜资产的账面余额，贷记本科目，同时按照过失人及保险公司应赔偿金额超过牲畜资产账面余额的金额，贷记"其他收入"科目。本科目应设置"幼畜及育肥畜"和"产役畜"两个二级科目，按牲畜（禽）的种类设置三级明细科目，进行明细核算。本科目期末借方余额，反映合作社幼畜及育肥畜和产役畜的账面余额。

A.购入幼畜及育肥畜

【例6-22】三羊畜牧养殖专业合作社本月购入幼牛一批，价款4 000元，贷款尚未支付。

借：牲畜（禽）资产——幼畜及育肥畜　　　　4 000
　　贷：应付款——某养牛场　　　　　　　　　　　4 000

B. 幼畜及育肥畜饲养

【例6-23】三羊畜牧养殖专业合作社饲养幼牛本月发生饲养费用22 000元，其中，固定员工工资费用6 500元、饲料费用15 500元。

借：牲畜（禽）资产——幼畜及育肥畜　　　22 000
　　贷：应付工资　　　　　　　　　　　　　　6 500
　　　　产品物资——饲料　　　　　　　　　15 500

C. 幼畜成龄

【例6-24】三羊畜牧养殖专业合作社饲养的幼牛成龄，转作产畜。饲养期间共发生各项费用70 000元，结转产役畜成本。

借：牲畜（禽）资产——产役畜　　　　　　70 000
　　贷：牲畜（禽）资产——幼畜及育肥畜　　70 000

D. 产役畜的饲养

【例6-25】三羊畜牧养殖专业合作社本月饲养的产役牛共发生饲养费用85 000元，其中，应付固定饲养员工资12 000元、饲料费用60 000元、以现金支付医药费用13 000元。

借：经营支出——饲养费用　　　　　　　　85 000
　　贷：应付工资　　　　　　　　　　　　　12 000
　　　　产品物资——饲料　　　　　　　　　60 000
　　　　库存现金　　　　　　　　　　　　　13 000

E. 产役畜的成本摊销

【例6-26】三羊畜牧养殖专业合作社成龄奶牛的原始成本240 000元，预计生产期5年，已正常产奶2年，合作社按月摊销奶牛成本，奶牛净残值率为5%。

每年应摊销的金额=240 000×（1-5%）÷5=45 600（元）
每月应摊销的金额=45 600÷12=3 800（元）

借：经营支出——成本摊销　　　　　　　　　3 800
　　贷：牲畜（禽）资产——产役畜　　　　　　3 800

F. 牲畜（禽）资产的出售

【例6-27】小强养猪专业合作社将育肥猪一批出售给某肉联厂，售价24 000元，该批育肥猪成本20 000元。货款已存银行。

借：银行存款　　　　　　　　　　　　　　　　24 000
　贷：经营收入——出售育肥猪　　　　　　　　　　　24 000
借：经营支出——育肥猪成本　　　　　　　　　　20 000
　贷：牲畜（禽）资产——幼畜及育肥畜　　　　　　　20 000

G. 牲畜（禽）资产的对外投资

【例6-28】腾飞养殖专业合作社用10匹役马向阳光生态旅游区投资，该批役马上年1月由幼畜转为役畜，成本为15 000元，已经使役1年，预计尚可使用5年，役马净残值率为5%。双方协议确定的价格为16 000元，役马已经转出。合作社做如下会计处理。

a. 计算役马账面价值

役马投资时已摊销成本 = 15 000 × (1-5%) ÷ 6 = 2 375（元）

役马投资时的账面价值 = 15 000-2 375 = 12 625（元）

协议确定的价格与牲畜资产账面价值之间的差额 = 16 000-12 625 = 3 375（元）

b. 会计分录为

借：对外投资——阳光生态旅游区　　　　　　　16 000
　贷：牲畜（禽）资产——产役畜　　　　　　　　　12 625
　　　资本公积——投资差价　　　　　　　　　　　 3 375

H. 牲畜（禽）资产的死亡毁损

【例6-29】小强养猪专业合作社因饲养员工作疏忽，致使一头幼猪死亡，账面价值为650元，经合作社成员集体研究决定，由饲养员赔偿200元，其余列入其他支出。

借：成员往来——××饲养员　　　　　　　　　　 200
　　其他支出——牲畜死亡　　　　　　　　　　　　 450
　贷：牲畜（禽）资产——幼畜及育肥畜　　　　　　　 650

② 林木资产　林木资产是指农民专业合作社农业资产中的植物资产，主要包括经济林木和非经济林木。为全面反映和监督农民专业合作社林木资产的情况，农民专业合作社应设置"林木资产"科目，本科目核算合作社购入或营造的林木成本。

合作社购入经济林木时，按购买价及相关税费，借记"林木资产"（经济林木）科目，贷记"库存现金""银行存款""应付款"等科目；购入或营造的经济林木投产前发生的培植费用，借记"林木资产"（经济林木）科目，贷记"应付工资""产品物资"等科目。

经济林木投产后发生的管护费用，不再记入本科目，借记"经营支出"科目，贷记"应付工资""产品物资"等科目。经济林木投产后，其成本扣除预计残值后的部分应在其正常生产周期内，按照直线法摊销，借记"经营支出"科目，贷记本科目（经济林木）。

合作社购入非经济林木时，按购买价及相关税费，借记本科目（非经济林木），贷记"库存现金""银行存款""应付款"等科目；购入或营造的非经济林木在郁闭前发生的培植费用，借记本科目（非经济林木），贷记"应付工资""产品物资"等科目。

非经济林木郁闭后发生的管护费用，不再记入本科目，借记"其他支出"科目，贷记"应付工资""产品物资"等科目。

按规定程序批准后，林木采伐出售时，按照实现的销售收入，借记"库存现金""银行存款""应收款"等科目，贷记"经营收入"科目；同时，按照出售林木的实际成本，借记"经营支出"科目，贷记本科目。

以林木对外投资时，按照合同、协议确定的价值，借记"对外投资"科目，贷记本科目，合同或协议确定的价值与林木资产账面余额之间的差额，借记或贷记"资本公积"科目。

林木死亡毁损时，按规定程序批准后，按照过失人及保险公司应赔偿的金额，借记"成员往来""应收款"科目，如发生净损失，则按照扣除过失人和保险公司应赔偿金额后的净损失，借记"其他支出"科目，按照林木资产的账面余额，贷记本科目；如产生净收益，则按照林木资产的账面余额，贷记本科目，同时按照过失人及保险公司应赔偿金额超过林木资产账面余额的金额，贷记"其他收入"科目。

本科目应设置"经济林木"和"非经济林木"两个二级科目，按林木的种类设置三级科目，进行明细核算，期末借方余额，反映合作社购入或营造林木的账面余额。

A. 购入经济林木

【例6-30】农庆祥农业产销合作社购入樱桃树苗一批，以银行存款支付价款42 000元。

借：林木资产——经济林木　　　　　　　　　　42 000
　　贷：银行存款　　　　　　　　　　　　　　　　42 000

B. 培育经济林木

【例6-31】农庆祥农业产销合作社月末计算出本月应支付外请育苗工人工资2 100元。

借：林木资产——经济林木　　　　　　　　　　2 100
　　贷：应付工资——外请工人　　　　　　　　　　2 100

C. 经济林木的管护费用

【例6-32】农庆祥农业产销合作社果树投产，本月为果树施肥，领用本社仓库化肥共计1 400元。

借：经营支出——果树管护　　　　　　　　　　1 400
　　贷：产品物资——化肥　　　　　　　　　　　　1 400

D. 经济林木的成本摊销

【例6-33】大地种植专业合作社培育经济林木投产，培育成本60 000元，预计产果年限6年，预计净残值率5%，按直线法摊销。

林木培育成本年摊销额＝（60 000－60 000×5%）÷12＝4 750（元）

借：经营支出——成本摊销　　　　　　　　　　4 750
　　贷：林木资产——经济林木　　　　　　　　　　4 750

E. 购入非经济林木

【例6-34】景太林业专业合作社购入杉树苗一批，以银行存款支付价款50 000元。

借:林木资产——非经济林木	50 000	
贷:银行存款		50 000

F.购入或营造非经济林木郁闭前的培植费用

【例6-35】景太林业专业合作社购入的杉树苗郁闭前发生培植费用计24 000元。其中,支付固定工人工资10 000元、发生肥料费用14 000元。

借:林木资产——非经济林木	24 000	
贷:应付工资		10 000
产品物资——肥料		14 000

G.非经济林木郁闭后的管护费用

【例6-36】景太林业专业合作社非经济林木已郁闭,本月应支付管护人员工资2 600元。

借:其他支出——非经济林木管护	2 600	
贷:应付工资——管护人员		2 600

H.林木采伐出售

【例6-37】兄弟种植专业合作社经批准采伐林木一批,收到价款70 000元,转存信用社。该批林木实际成本为42 000元。

借:银行存款	70 000	
贷:经营收入——林木采伐收入		70 000
借:经营支出——出售林木成本	42 000	
贷:林木资产——非经济林木		42 000

③ 其他农业资产 按照《农民专业合作社财务会计制度(试行)》规定,合作社生产经营中,有牲畜(禽)资产、林木资产以外的其他农业资产,需要单独对其进行核算的,可增设"其他农业资产"科目,参照牲畜(禽)资产、林木资产进行会计核算。

【例6-38】山水养殖专业合作社在天然草原放牧的前提下，按规定程序研究决定建设人工草场，种植牧草——紫花苜蓿10 000亩（1亩＝666.67平方米），以解决越冬羊群的饲料供给。实施过程中，购买紫花苜蓿种子价值110 000元，已从开户银行转账支付。领用合作社材料价值11 000元，从开户银行转账支付机械耕作费42 000元，计提人员工资80 000元，分摊折旧10 000元，另以马代步，分摊牲畜（禽）资产1 100元。该养羊专业合作社应做如下会计处理。

A. 银行转账支付购买紫花苜蓿种子款
借：其他农业资产——紫花苜蓿　　　　　　　　　110 000
　　贷：银行存款　　　　　　　　　　　　　　　110 000

B. 领用材料
借：其他农业资产——紫花苜蓿　　　　　　　　　 11 000
　　贷：产品物资——材料　　　　　　　　　　　　11 000

C. 转账支付机械作业费
借：其他农业资产——紫花苜蓿　　　　　　　　　 42 000
　　贷：银行存款　　　　　　　　　　　　　　　 42 000

D. 计提人员工资
借：其他农业资产——紫花苜蓿　　　　　　　　　 80 000
　　贷：应付工资　　　　　　　　　　　　　　　 80 000

E. 分摊折旧费用
借：其他农业资产——紫花苜蓿　　　　　　　　　 10 000
　　贷：累计折旧　　　　　　　　　　　　　　　 10 000

F. 分摊牲畜（禽）资产
借：其他农业资产——紫花苜蓿　　　　　　　　　　1 100
　　贷：牲畜（禽）资产——役马　　　　　　　　　 1 100

（3）固定资产

① 固定资产的确认　农民专业合作社的房屋、建筑物、机器、设备、工具、器具、农业基本建设设施等，凡使用年限在一年以上、单位价值在500元以上的列为固定资产。有些主要生产工具和设备，单位价值虽然低于规定标准，但使用年限在一年以上的，也可列为固定资产。合作社以经营租赁方式租入和以融资租赁方式租出的固定资产，不应列作合作社的固定资产。

固定资产按下列原则计价：

购入不需要安装的固定资产，按原价加采购费、包装费、运杂费、保险费和相关税金等，借记本科目，贷记"银行存款"等科目。购入需要安装的固定资产，先记入"在建工程"科目，待安装完毕交付使用时，按照其实际成本，借记本科目，贷记"在建工程"科目。

自行建造完成交付使用的固定资产，按建造该固定资产的实际成本，借记本科目，贷记"在建工程"科目。

投资者投入的固定资产，按照投资各方确认的价值，借记本科目，按照经过批准的投资者所应拥有以合作社注册资本份额计算的资本金额，贷记"股金"科目，按照两者之间的差额，借记或贷记"资本公积"科目。

收到捐赠的全新固定资产，按照所附发票所列金额加上应支付的相关税费，借记本科目，贷记"专项基金"科目；如果捐赠方未提供有关凭据，则按其市价或同类、类似固定资产的市场价格估计的金额，加上由合作社负担的运输费、保险费、安装调试费等作为固定资产成本，借记本科目，贷记"专项基金"科目。收到捐赠的旧固定资产，按照经过批准的评估价值或双方确认的价值，借记本科目，贷记"专项基金"科目。

盘盈的固定资产，按其市价或同类、类似固定资产的市场价格，减去按该项资产的新旧程度估计的价值损耗后的余额，借记本科目，贷记"其他收入"科目；盘亏的固定资产，经过规定程序批准后，按其账面净值，借记"其他支出"科目，按已提折旧，借记"累计折旧"科目，按固定资产原价，贷记本科目。

固定资产出售、报废和毁损等时，按固定资产账面净值，借记"固定资产清理"科目，按照应由责任人或保险公司赔偿的金额，借记"应收款""成员往来"等科目，按已提折旧，借记"累计折旧"科目，按固定资产原价，贷记本科目。

对外投资投出固定资产时，按照投资各方确认的价值或者合同、协议约定的价值，借记"对外投资"科目，按已提折旧，借记"累计折旧"科目，按固定资产原价，贷记本科目，按投资各方确认或协议价与固定资产账面净值之间的差额，借记或贷记"资本公积"科目。

捐赠转出固定资产时，按固定资产净值，转入"固定资产清理"科目，应支付的相关税费，也通过"固定资产清理"科目进行归集，捐赠项目完成后，按"固定资产清理"科目的余额，借记"其他支出"科目，贷记"固定资产清理"科目。

本科目期末借方余额，反映合作社期末固定资产的账面原价。

② 累计折旧　合作社的折旧方法可在"平均年限法""工作量法"中任选

一种。一经选定，不得随意变动。提取折旧时，可以采用个别折旧率，也可以采用分类折旧率或综合折旧率计提。

生产经营用的固定资产计提的折旧，借记"生产成本"科目，贷记本科目；管理用的固定资产计提的折旧，借记"管理费用"科目，贷记本科目；用于公益性用途的固定资产计提的折旧，借记"其他支出"科目，贷记本科目。

③ 在建工程　本科目核算合作社进行工程建设、设备安装、农业基本建设设施建造等发生的实际支出。购入需要安装的固定资产，按其原价加上运输、保险、采购、安装等费用，借记本科目，贷记"库存现金""银行存款""应付款"等科目。

建造固定资产和兴建农业基本建设设施购买专用物资以及发生工程费用，按实际支出，借记本科目，贷记"库存现金""银行存款""产品物资"等科目。

发包工程建设，根据合同规定向承包企业预付工程款，按实际预付的价款，借记本科目，贷记"银行存款"等科目；以拨付材料抵作工程款的，应按材料的实际成本，借记本科目，贷记"产品物资"等科目；将需要安装的设备交付承包企业进行安装时，应按该设备的成本，借记本科目，贷记"产品物资"等科目。与承包企业办理工程价款结算，补付的工程款，借记本科目，贷记"银行存款""应付款"等科目。

自营的工程，领用物资或产品时，应按领用物资或产品的实际成本，借记本科目，贷记"产品物资"等科目。工程应负担的员工工资等人员费用，借记本科目，贷记"应付工资""成员往来"等科目。

购建和安装工程完成并交付使用时，借记"固定资产"科目，贷记本科目。

工程完成未形成固定资产时，借记"其他支出"等科目，贷记本科目。

④ 固定资产清理　本科目核算合作社因出售、捐赠、报废和毁损等原因转入清理的固定资产净值及其在清理过程中所发生的清理费用和清理收入。

出售、捐赠、报废和毁损的固定资产转入清理时，按固定资产账面净值，借记本科目，按已提折旧，借记"累计折旧"科目，按固定资产原值，贷记"固定资产"科目。

清理过程中发生的费用，借记本科目，贷记"库存现金""银行存款"等科目；收回出售固定资产的价款、残料价值和变价收入等，借记"银行存款""产品物资"等科目，贷记本科目；应当由保险公司或过失人赔偿的损失，借记"应收款""成员往来"等科目，贷记本科目。

清理完毕后发生的净收益，借记本科目，贷记"其他收入"科目；清理完毕后发生的净损失，借记"其他支出"科目，贷记本科目。

本科目应按被清理的固定资产设置明细科目，进行明细核算。本科目期末余额，反映合作社转入清理但尚未清理完毕的固定资产净值，以及固定资产清理过程中所发生的清理费用和变价收入等各项金额的差额。

【例6-39】鑫基养猪合作社发生下列固定资产相关业务：

A.新建猪舍20幢，购入红砖、钢筋、水泥等建筑材料一批，支付价款共计420 000元，全部用银行存款支付，建设过程中领用建筑材料430 000元，猪栏建设应付劳务费用51 000元，尚未支付，另以银行存款支付工程水电费11 000元。工程完工，验收并交付使用。会计处理如下：

a.购入工程用建筑材料时

借：产品物资　　　　　　　　　　　　　　　　420 000
　　贷：银行存款　　　　　　　　　　　　　　　　　420 000

b.工程开工，领用建筑材料时

借：在建工程——自营工程　　　　　　　　　　430 000
　　贷：产品物资　　　　　　　　　　　　　　　　　430 000

c.应付建设工程劳务费用

借：在建工程——自营工程　　　　　　　　　　 51 000
　　贷：应付款　　　　　　　　　　　　　　　　　　 51 000

d.支付工程水电费时

借：在建工程——自营工程　　　　　　　　　　 11 000
　　贷：银行存款　　　　　　　　　　　　　　　　　 11 000

e.工程完工，验收合格后交付使用时

借：固定资产——猪舍　　　　　　　　　　　　492 000
　　贷：在建工程——自营工程　　　　　　　　　　　492 000

B.猪舍预计可使用15年，残值为49 200元，使用直线法计提折旧，会计处理如下：

每月计提的折旧＝（492 000－49 200）÷15÷12＝2 460（元）

借：生产成本　　　　　　　　　　　　　　　　　2 460
　　贷：累计折旧　　　　　　　　　　　　　　　　　　2 460

C.假设使用10年后在一次事故中猪舍坍塌，转入清理。

a.注销原价及累计折旧

借：固定资产清理　　　　　　　　　　　　　　196 800
　　累计折旧　　　　　　　　　　　　　　　　　295 200
　　贷：固定资产　　　　　　　　　　　　　　　　　492 000

b.对坍塌猪舍清理时发生清理费用33 000元

借：固定资产清理　　　　　　　　　　　　33 000
　　贷：银行存款　　　　　　　　　　　　　　33 000

c.坍塌猪舍产生的废料收入20 000元

借：银行存款　　　　　　　　　　　　　　20 000
　　贷：固定资产清理　　　　　　　　　　　　20 000

d.结转清理净损失

借：其他支出　　　　　　　　　　　　　　209 800
　　贷：固定资产清理　　　　　　　　　　　209 800

【例6-40】五谷合作社在财产清查中，盘亏柴油机一台，原价2000元，已提折旧600元。经查明属保管人员看护过失，决定由其赔偿现金300元。

借：成员往来——某成员　　　　　　　　　　300
　　其他支出　　　　　　　　　　　　　　1 100
　　累计折旧　　　　　　　　　　　　　　　600
　　贷：固定资产　　　　　　　　　　　　　2 000

（4）无形资产　"无形资产"科目核算合作社持有的专利权、商标权、非专利技术等各种无形资产的价值。合作社按下列原则确定取得无形资产的实际成本，登记入账：

购入的无形资产，按实际支付的价款，借记本科目，贷记"库存现金""银行存款"等科目。

自行开发并按法律程序申请取得的无形资产，按依法取得时发生的注册费、律师费等实际支出，借记本科目，贷记"库存现金""银行存款"等科目。

接受捐赠的无形资产，按照所附发票所列金额加上应支付的相关税费，无所附单据的，按经过批准的价值，借记本科目，贷记"专项基金""银行存款"等科目。

投资者投入的无形资产，按照投资各方确认的价值，借记本科目，按经过批准的投资者所应拥有的以合作社注册资本份额计算的资本金额，贷记"股金"等科目，按两者之间的差额，借记或贷记"资本公积"科目。

无形资产从使用之日起，按直线法分期平均摊销，摊销年限不应超过10年。摊销时，借记"管理费用"科目，贷记本科目。

出租无形资产所取得的租金收入，借记"银行存款"等科目，贷记"其他收入"科目；结转出租无形资产的成本时，借记"其他支出"科目，贷记本科目。

出售无形资产，按实际取得的转让价款，借记"银行存款"等科目，按照无形资产的账面余额，贷记本科目，按应支付的相关税费，贷记"银行存款"等科目，按其差额，贷记"其他收入"或借记"其他支出"科目。

本科目应按无形资产类别设置明细科目，进行明细核算，期末借方余额，反映合作社所拥有的无形资产摊余价值。

① 无形资产的取得

【例6-41】富康家禽养殖专业合作社自行研制一项饲料配方技术，研究费用16 000元，其中，合作社固定技术人员工资5 000元、材料费用11 000元。按法律程序取得饲料配方专利权，支付注册费4 000元、律师费1 000元，以银行存款支付。合作社应做如下会计处理。

A.结转研发期间发生的研发费用时

借：管理费用——研发费用　　　　　　　　　　16 000
　　贷：应付工资——研发技术人员　　　　　　　 5 000
　　　　产品物资——原材料　　　　　　　　　　11 000

B.支付专利注册费、律师费时

借：无形资产——饲料配方专利权　　　　　　　　5 000
　　贷：银行存款　　　　　　　　　　　　　　　 5 000

【例6-42】金泰莲藕种植专业合作社社员李大山以"藕莲牌"藕粉商标向本社入股。协议商标价值9 000元。李大山享有本社注册资本份额7 000元。会计分录如下。

借：无形资产——"藕莲牌"藕粉商标　　　　　　　9 000
　　贷：股金——李大山　　　　　　　　　　　　 7 000
　　　　资本公积　　　　　　　　　　　　　　　 2 000

【例6-43】富康家禽养殖专业合作社接受某农业公司捐赠，评估批准确认价值9 000元。会计分录如下。

借：无形资产——"凤栖牌"鸡蛋商标　　　　　　　9 000
　　贷：专项基金——他人捐赠　　　　　　　　　 9 000

② 无形资产的摊销

【例6-44】上述【例6-41】中富康家禽养殖专业合作社取得的饲料配方专利权5 000元，按直线法分5年平均摊销，每年应摊销的价值为1 000元，每年摊销一次。年终结转时会计分录如下。

　　借：管理费用——无形资产摊销　　　　　　　1 000
　　　贷：无形资产——饲料配方专利权　　　　　　　　1 000

③ 无形资产的出租和出售

【例6-45】小康农业种植专业合作社出租本社"绿农牌"商标权给另一合作社，年租金4 000元。款项收到存入信用社。年末按直线法摊销成本1 000元。

A. 收到租金时
借：银行存款　　　　　　　　　　　　　　　　4 000
　贷：其他收入——商标出租　　　　　　　　　　　　4 000

B. 年终摊销无形资产时
借：其他支出——无形资产摊销　　　　　　　　1 000
　贷：无形资产——"绿农牌"商标　　　　　　　　　1 000

【例6-46】新三农养蜂专业合作社转让"蜜花牌"商标，协议转让费20 000元，款项收到，转存银行。该商标权账面余额17 000元。

借：银行存款　　　　　　　　　　　　　　　　20 000
　贷：无形资产——"蜜花牌"商标　　　　　　　　　17 000
　　　其他收入——转让无形资产溢价　　　　　　　　3 000

6.3　农民专业合作社负债的核算

农民专业合作社的负债分为流动负债和长期负债。流动负债是指偿还期在一年以内（含一年）的债务，包括短期借款、应付款项、应付工资、应付盈余返还、应付剩余盈余等。长期负债是指偿还期超过一年以上的债务，包括长期借款、专项应付款等。

6.3.1　流动负债的核算

（1）短期借款　合作社的短期借款核算同农业企业总体相同，只是合作社发生的短期借款利息支出，直接计入当期损益，借记"其他支出"科目，贷记"库存现金""银行存款"等科目。

【例6-47】群芳园花卉种植专业合作社向当地农村信用社借款12 000元，借款合同约定，期限为6个月，年利率为4.5%。到期一次偿还本息。合作社的会计处理如下。

借入时，
借：银行存款　　　　　　　　　　　　　　12 000
　　贷：短期借款　　　　　　　　　　　　　　12 000
还本付息时，
借：短期借款　　　　　　　　　　　　　　12 000
　　其他支出——利息支出　　　　　　　　　　270
　　贷：银行存款　　　　　　　　　　　　　　10 270

（2）应付款　应付款科目核算合作社与非成员之间发生的各种应付以及暂收款项，包括因购买产品物资和接受劳务、服务等应付的款项以及应付的赔款、利息等。

合作社发生以上应付以及暂收款项时，借记"库存现金""银行存款""产品物资"等科目，贷记本科目。合作社偿还应付及暂收款项时，借记本科目，贷记"库存现金""银行存款"等科目。合作社确有无法支付的应付款时，按规定程序审批后，借记本科目，贷记"其他收入"科目。本科目应按发生应付款的非成员单位和个人设置明细账，进行明细核算，期末贷方余额，反映合作社应付但尚未付给非成员的应付及暂收款项。

① 应付及暂收款的发生

【例6-48】宏伟农业产销合作社赊购非会员农户王朋的苹果1 800千克，价款为6 000元，款项暂欠。会计分录如下。

借：产品物资——苹果　　　　　　　　　　6 000
　　贷：应付款——王朋　　　　　　　　　　6 000

【例6-49】喜盛蔬菜产销合作社接受非成员农户李林委托，代购农药一批，合同约定价款为4 000元，李林已以现金提前支付。会计分录如下。

借：库存现金　　　　　　　　　　　　　　4 000
　　贷：应付款——李林　　　　　　　　　　4 000

【例6-50】新三农养蜂专业合作社向农户收购原材料一批，价款12 000元，增值税税率13%，材料入库，款项已经付清。会计分录如下。

借：产品物资——蜂产品原料　　　　　　　　　　　　12 000
　　应付款——增值税　　　　　　　　　　　　　　　 1 560
　贷：银行存款　　　　　　　　　　　　　　　　　　　13 560

【例6-51】新三农养蜂专业合作社出售一批蜂产品给某超市。该专业合作社为一般纳税人，执行17%增值税税率。该批产品不含税售价35 000元，货款收到存入银行。会计分录如下。

借：银行存款　　　　　　　　　　　　　　　　　　　40 950
　贷：经营收入——蜂产品销售收入　　　　　　　　　 35 000
　　　应付款——增值税　　　　　　　　　　　　　　 5 950

② 应付及暂收款的偿还

【例6-52】宏伟农业产销合作社以现金偿还非成员户王朋苹果款5 500元。会计分录如下。

借：应付款——王朋　　　　　　　　　　　　　　　　5 500
　贷：库存现金　　　　　　　　　　　　　　　　　　　5 500

【例6-53】上述［例6-49］喜盛蔬菜产销合作社为非成员农户李林代购的农药已经到货，实际价款为3 600元，农药已经交给李林。会计分录如下。

借：应付款——李林　　　　　　　　　　　　　　　　4 000
　贷：产品物资——农药　　　　　　　　　　　　　　 3 600
　　　其他收入——代购农药　　　　　　　　　　　　　400

【例6-54】上述【例6-50】【例6-51】中新三农养蜂专业合作社上交增值税3 800元，以银行存款付清。会计分录如下。

借：应付款——增值税　　　　　　　　　　　　　　　4 390
　贷：银行存款　　　　　　　　　　　　　　　　　　　4 390

③ 无法支付的应付及暂收款

【例6-55】丰产粮食产销合作社有一笔暂收非社员户张红代购商品款1 000元，因张红出国定居，已失去联系，确实无法支付，经批准核销。会计分录如下。
　　借：应付款——张红　　　　　　　　　　　　　　　1 000
　　　　贷：其他收入——坏账核销溢价　　　　　　　　　　　1 000

（3）应付盈余返还　应付盈余返还是指农民专业合作社可分配盈余中应返还给成员的金额。按《中华人民共和国农民专业合作社法》规定，可分配盈余按成员与本社交易量（额）比例返还给成员，返还给成员的盈余总额不得低于可分配盈余的百分之六十。具体返还比例和办法按照农民专业合作社章程规定或经成员大会决议确定。

为了核算合作社按成员与本社交易量（额）比例返还给成员的盈余，合作社应设置"应付盈余返还"科目。本科目应按成员设置明细账，进行明细核算。本科目期末贷方余额，反映合作社尚未支付的盈余返还。

合作社根据章程规定的盈余分配方案，按成员与本社交易量（额）提取返还盈余时，借记"盈余分配"科目，贷记"应付盈余返还"科目。实际支付时，借记"应付盈余返还"科目，贷记"库存现金""银行存款"等科目。

【例6-56】2014年末，华泰葛产业农民专业合作社将弥补亏损、提取公积金后的当年可分配盈余100 000元按章程规定进行分配。合作社章程规定，每个会计年度内，将实现可分配盈余的80%返还给成员；返还时，以每个成员与本社的交易额占全部成员与本社交易总额的比例为依据。根据成员账户记载，当年成员与本社的交易总额为500 000元，其中，甲、乙、丙、丁四个成员的交易额分别为25 000元、25 000元、45 000元、65 000元。

合作社按规定返还盈余时，

第一步，计算出当年可分配盈余中应返还给与本社有交易的成员的金额
100 000×80%＝80 000（元）

第二步，计算出每个成员的交易额占全部成员与本社交易总额的比例
　　甲：25 000÷500 000×100%＝5%
　　乙：25 000÷500 000×100%＝5%
　　丙：45 000÷500 000×100%＝9%
　　丁：65 000÷500 000×100%＝13%

第三步，计算出应返还给与本社有交易的成员的可分配盈余金额
　　甲：80 000×5%＝4 000（元）

乙：80 000×5% =4 000（元）

丙：80 000×9% =7 200（元）

丁：80 000×13% =10 400（元）

第四步，依据盈余返还作相应会计分录

借：盈余分配——各项分配　　　　　　　　　　80 000

　　贷：应付盈余返还——甲　　　　　　　　　　4 000

　　　　　　　　　　——乙　　　　　　　　　　4 000

　　　　　　　　　　——丙　　　　　　　　　　7 200

　　　　　　　　　　——丁　　　　　　　　　　10 400

　　　　　　　　　　——其他成员　　　　　　　（54 400）

合作社兑现返还的盈余时，

借：应付盈余返还——甲　　　　　　　　　　　4 000

　　　　　　　——乙　　　　　　　　　　　4 000

　　　　　　　——丙　　　　　　　　　　　7 200

　　　　　　　——丁　　　　　　　　　　　10 400

　　　　　　　——其他成员　　　　　　　　（54 400）

　　贷：库存现金　　　　　　　　　　　　　　　80 000

（4）应付剩余盈余　应付剩余盈余是指返还给成员可分配盈余后，应付给成员的可分配盈余的剩余部分，分配时不再区分成员是否与本社有交易量（额），人人有份，是合作社以成员账户中记载的出资额和公积金份额，以及本社接受国家财政直接补助和他人捐赠形成的财产平均量化到本社成员的份额，按比例分配给本社成员的剩余可分配盈余。

合作社按交易量（额）返还盈余后，根据章程规定或者成员大会决定分配剩余盈余时，借记"盈余分配"科目，贷记"应付剩余盈余"科目。实际支付时，借记"应付剩余盈余"科目，贷记"库存现金""银行存款"等科目。

【例6-57】接上例，华泰葛产业农民专业合作社将当年可分配盈余100 000元的80%，按成员与本社的交易额返还给成员，剩余的20%按章程规定，对全部成员进行分配。当年末，合作社所有者权益总额为800 000元，其中，股本600 000元、专项基金100 000元、公积金100 000元（包括资本公积和盈余公积）。成员甲个人账户记载的出资额为12 000元、专项基金1 000元、公积金7 000元，……与合作社没有交易的成员戊个人账户记载的出资额为12 000元、专项基金2 000元、公积金2 000元。

合作社分配剩余盈余时，

第一步，计算出每个成员个人账户记载的出资额、专项基金、公积金占这三项总额的份额

成员甲：（12 000+1 000+7 000）÷（600 000+100 000+100 000）×100% =2.5%

……

成员戊：（12 000+2 000+2 000）÷（600 000+100 000+100 000）×100% =2%

第二步，计算出每个成员应分配的剩余盈余金额

成员甲：100 000×20% ×2.5% =500（元）

……

成员戊：100 000×20% ×2% =400（元）

第三步，做出分配剩余盈余的会计分录

借：盈余分配——各项分配　　　　　　　　　　　20 000
　　贷：应付剩余盈余——甲　　　　　　　　　　　　500
　　　　　　　　　　——其他成员　　　　　　　19 100
　　　　　　　　　　——戊　　　　　　　　　　　400

第四步，合作社兑现应付剩余盈余时

借：应付剩余盈余——甲　　　　　　　　　　　　　500
　　　　　　　——其他成员　　　　　　　　　19 100
　　　　　　　——戊　　　　　　　　　　　　　400
　　贷：库存现金　　　　　　　　　　　　　　　20 000

6.3.2　长期负债的核算

（1）长期借款　合作社长期借款利息应按期计提，借记"其他支出"科目，贷记"应付款"科目。

【例6-58】 2013年7月1日，丰博合作社向信用社贷款18 000元，并已到户。贷款合同约定借款期限为2年，年利率为6%，每年末偿还一次利息，到期时偿还本金和剩余利息。合作社应做的会计处理如下。

```
借：银行存款                                    18 000
    贷：长期借款——信用社                        18 000
2013年末计提信用社贷款利息
计算该项长期贷款利息：18 000×6%×（6÷12）=540（元）
借：其他支出                                      540
    贷：应付款                                      540
2013年12月31日，合作社按贷款合同约定支付信用社贷款利息
借：应付款                                        540
    贷：银行存款                                    540
待到2015年6月30日时，合作社归还贷款本金及利息
借：长期借款——信用社                         18 000
    其他支出                                      540
    贷：银行存款                                 18 540
```

（2）专项应付款 专项应付款是指农民专业合作社接受国家财政直接补助的资金。这部分资金具有专门用途，主要是扶持引导合作社发展，支持合作社开展信息、培训、农产品质量标准与论证、农业生产基础设施建设、市场营销和技术推广等服务。

为加强对专项应付款的管理，及时反映专项应付款的取得、使用和结存状况，合作社应设置"专项应付款"账户。该账户属负债类账户，贷方登记取得专项应付款的数额；借方登记使用专项应付款的数额和转入专项基金的数额；期末贷方余额反映结存专项应付款的数额。该账户应按国家财政补助资金项目设置明细科目，进行明细核算。

① 农民专业合作社收到国家财政补助资金

```
【例6-59】小强养猪专业合作社收到国家财政直接补助资金400 000元，
其中：用于技术培训70 000元，购买办公设备80 000元，购建专用设备
250 000元。款项已划转到合作社存款户。会计分录如下。
借：银行存款                                   400 000
    贷：专项应付款——培训                        70 000
              ——办公设备                        80 000
              ——专用设备                       250 000
```

② 国家财政补助资金的使用

【例6-60】 上述【例6-59】中小强养猪专业合作社用财政补助资金支付该社成员外出培训学习费用70 000元。会计分录如下。

借：专项应付款——培训　　　　　　　　　　　　　70 000
　　贷：银行存款　　　　　　　　　　　　　　　　　　70 000

【例6-61】 上述【例6-59】小强养猪专业合作社按规定用财政补助资金购买办公用计算机10台，用银行存款支付设备款80 000元，该设备验收后投入使用。

A.支付款项时
借：固定资产——办公设备（计算机）　　　　　　　80 000
　　贷：银行存款　　　　　　　　　　　　　　　　　　80 000

B.结转专项应付款
借：专项应付款——办公设备（计算机）　　　　　　80 000
　　贷：专项基金——国家财政补助　　　　　　　　　　80 000

【例6-62】 上述【例6-59】小强养猪专业合作社，按国家补助资金项目规定，用专用设备款250 000元建造冷库。合作社以此款项购买建设冷库用建筑材料90 000元，制冷设备110 000元。建设冷库过程中，领用建筑材料金额总计80 000元，支付建筑外请工人工资40 000元，冷库建设后期，支付制冷设备安装费4 000元，支付水电费6 000元，款项均以银行存款支付。冷库建设完毕验收合格，已投入使用。合作社的会计处理如下。

A.购买建筑材料时
借：产品物资——建筑材料　　　　　　　　　　　　90 000
　　贷：银行存款　　　　　　　　　　　　　　　　　　90 000

B.购买制冷设备时
借：产品物资——制冷设备　　　　　　　　　　　　110 000
　　贷：银行存款　　　　　　　　　　　　　　　　　　110 000

C.领用建筑材料时
借：在建工程——冷库及设备　　　　　　　　　　　80 000
　　贷：产品物资——建筑材料　　　　　　　　　　　　80 000

D.支付外请建筑工人工资时
借：在建工程——冷库及设备　　　　　　　　　　　40 000
　　贷：银行存款　　　　　　　　　　　　　　　　　　40 000

E. 领用制冷设备等待安装
    借：在建工程——冷库及设备   110 000
        贷：产品物资——制冷设备   110 000
F. 支付工程安装费、水电费时
    借：在建工程——冷库及设备   10 000
        贷：银行存款   10 000
G. 工程完工，验收合格交付使用时
    借：固定资产——冷库及设备   240 000
        贷：在建工程——冷库及设备   240 000
H. 结转专项应付款时
    借：专项应付款——专用设备   240 000
        贷：专项基金——国家财政补助   240 000

6.4 农民专业合作社所有者权益的核算

6.4.1 股金

股金是农民专业合作社成员实际投入合作社的各种资产的价值。通过成员入社出资、投资入股、公积金转增等形成。它是合作社开展生产经营活动的前提，也是农民专业合作社成员分享权益和承担义务的依据。合作社社员应该认购合作社股金。合作社的注册资金实行实缴制，并与社员认购的股金总额相一致。社员增加或者减少股金，引起股金总额变化的，合作社注册资金应当作相应变更。社员可以以货币出资，也可以以实物、技术、土地承包经营权等出资。

合作社收到成员以货币资金投入的股金，按实际收到的金额，借记"库存现金""银行存款"科目，按成员应享有合作社注册资本的份额计算的金额，贷记本科目，按两者之间的差额，贷记"资本公积"科目。

合作社收到成员投资入股的非货币资产，按投资各方确认的价值，借记"产品物资""固定资产""无形资产"等科目，按成员应享有合作社注册资本的份额计算的金额，贷记本科目，按两者之间的差额，贷记或借记"资本公积"科目。

合作社按照法定程序减少注册资本或成员退股时，借记本科目，贷记"库存现金""银行存款""固定资产""产品物资"等科目，并在有关明细账及备查簿中详细记录股金发生的变动情况。

成员按规定转让出资的，应在成员账户和有关明细账及备查簿中记录受让方。本科目应按成员设置明细科目，进行明细核算，期末贷方余额，反映合作社实有的股金数额。

（1）货币资金入股

【例6-63】丰民苹果种植专业合作社收到成员李林投入的现金12 000元、成员王朋投入现金13 000元、成员张苹投入现金14 000元、成员郭方投入现金11 000元，全部款项已经转存当地信用社。按合作社规定，各成员应享有合作社注册资本的份额为10 000元。会计分录如下。

借：银行存款　　　　　　　　　　　　　　50 000
　　贷：股金——李林　　　　　　　　　　10 000
　　　　　——王朋　　　　　　　　　　　10 000
　　　　　——张苹　　　　　　　　　　　10 000
　　　　　——郭方　　　　　　　　　　　10 000
　　　　资本公积　　　　　　　　　　　　10 000

（2）非货币资产入股

【例6-64】丰民苹果种植专业合作社收到成员赵阳以自产种苗投资入社，评估确认的价值15 000元，该成员应享有合作社注册资本的份额为10 000元。会计分录如下。

借：产品物资——种苗　　　　　　　　　　15 000
　　贷：股金——赵阳　　　　　　　　　　10 000
　　　　资本公积　　　　　　　　　　　　5 000

（3）退股

【例6-65】经批准，丰民苹果种植专业合作社接受成员王朋的退股请求，以银行存款支付王朋退股款13 000元。会计分录如下。

借：股金——王朋　　　　　　　　　　　　13 000

  贷：银行存款   13 000

【例6-66】成员华兴公司退社，合作社应退给股金60 000元，决定以一台收割机和现金退还。收割机账面原值35 000元，已提折旧5 000元，余款现金支付。

  借：股金——华兴公司   60 000
    累计折旧   5 000
   贷：固定资产——收割机   35 000
    库存现金   30 000

（4）股金转让

【例6-67】元兴果蔬产销专业合作社社员李春已经享有注册资本份额的21%，为规范合作社的内部管理，经规定程序批准，将其超过20%的注册资本份额25 000元转给本社成员孙红。由孙红给付李春现金或等价物25 000元。会计分录如下。

  借：股金——李春   25 000
   贷：股金——孙红   25 000

【例6-68】合作社与李某约定，将农户投工50个作为股份入社。每个工日40元。

  借：在建工程   2 000
   贷：股金——李某   2 000

6.4.2　专项基金

  专项基金是农民专业合作社通过国家财政直接补助转入和他人捐赠形成的专用基金。

  合作社使用国家财政直接补助资金取得固定资产、农业资产和无形资产等时，按实际使用国家财政直接补助资金的数额，借记"专项应付款"科目，贷记本科目。

  合作社实际收到他人捐赠的货币资金时，借记"库存现金""银行存款"科目，贷记本科目。合作社收到他人捐赠的非货币资产时，按照所附发票记载金额加上应支付的相关税费，借记"固定资产""产品物资"等科目，贷记本科目；无所附发票的，按照经过批准的评估价值，借记"固定资产""产品物资"

等科目,贷记本科目。

本科目应按专项基金的来源设置明细科目,进行明细核算,期末贷方余额,反映合作社实有的专项基金数额。

【例6-69】丰源合作社收到县农业局干部职工捐赠现金9 000元。会计分录如下。

借:库存现金 9 000
　　贷:专项基金——个人捐赠 9 000

【例6-70】丰兴合作社收到兴旺集团捐赠水果分离机一台,发票价10 000元。会计分录如下。

借:固定资产——水果分离机 10 000
　　贷:专项基金——兴旺捐赠 10 000

【例6-71】元兴果蔬产销合作社接受国家财政专项补助资金70 000元,用于建造水果保鲜库房。建造过程中,购买使用专用物资40 000元,支付本社固定员工工资15 000元,支付外请临时工工资10 000元,支付合作社社员工资5 000元。工程验收完成后交付使用。合作社应做如下会计处理。

A. 库房建造时,结转发生的各项费用
借:在建工程——水果保鲜库房 70 000
　　贷:产品物资——专用材料 40 000
　　　　应付工资——各固定员工 15 000
　　　　应付款——各外请临时员工 10 000
　　　　成员往来——各成员 5 000

B. 验收交付使用时
借:固定资产——水果保鲜库房 70 000
　　贷:在建工程——水果保鲜库房 70 000

C. 结转专项基金时
借:专项应付款——水果保鲜库房 70 000
　　贷:专项基金——国家财政补助 70 000

6.4.3 资本公积

资本公积是合作社用于扩大生产经营、承担经营风险及集体公益事业的专用基金,主要来源于股金溢价及实物资产的重估增值。

成员入社投入货币资金和实物资产时，按实际收到的金额和投资各方确认的价值，借记"库存现金""银行存款""固定资产""产品物资"等科目，按其应享有合作社注册资本的份额计算的金额，贷记"股金"科目，按两者之间的差额，贷记或借记"资本公积"科目。

合作社以实物资产方式进行对外投资时，按照投资各方确认的价值，借记"对外投资"科目，按投出实物资产的账面余额，贷记"固定资产""产品物资"等科目，按两者之间的差额，借记或贷记本科目。

合作社用资本公积转增股金时，借记本科目，贷记"股金"科目。

本科目应按资本公积的来源设置明细科目，进行明细核算，期末贷方余额，反映合作社实有的资本公积数额。

【例6-72】尚品果蔬产销合作社，以生产用温室大棚对蔬菜种植专业合作社投资，温室大棚账面原价60 000元，已计提折旧20 000元。双方协商确认价值为45 000元。会计分录如下。

借：对外投资　　　　　　　　　　　　　　　　45 000
　　累计折旧　　　　　　　　　　　　　　　　20 000
　贷：固定资产　　　　　　　　　　　　　　　　60 000
　　　资本公积——资产溢价　　　　　　　　　　 5 000

【例6-73】久和粮食种植专业合作社，经全体股东大会决议，将资本公积50 000元，按成员原始股金比例转增股金。会计分录如下。

借：资本公积——各社员　　　　　　　　　　　　50 000
　贷：股金——各社员　　　　　　　　　　　　　50 000

6.4.4 盈余公积

盈余公积是农民专业合作社按照章程规定或者成员大会决议从当年盈余中按一定比例提取公积金。盈余公积是合作社的公共积累。根据章程规定和经成员大会讨论决定，盈余公积可用于转增股金、弥补亏损等。

（1）盈余公积的提取　合作社年终从本年盈余中提取盈余公积时，借记"盈余分配——各项分配"账户。贷记"盈余公积"账户。

【例6-74】年终，汇融乌鸡养殖合作社从当年盈余中提取盈余公积12 000元。会计分录如下。

借：盈余分配——各项分配　　　　　　　　　12 000
　　贷：盈余公积　　　　　　　　　　　　　　　　12 000

（2）盈余公积转增股金或弥补亏损　合作社用盈余公积转增股金或弥补亏损等时，借记本科目，贷记"股金""盈余分配"等科目。

【例6-75】 年终，尚品果蔬种植合作社经成员大会决定，将盈余公积18 000元按原始投资比例转增股金。会计分录如下。

借：盈余公积　　　　　　　　　　　　　　　18 000
　　贷：股金　　　　　　　　　　　　　　　　　　18 000

【例6-76】 年终，小强养猪合作社发生亏损，经成员大会决定，将盈余公积45 000元用于弥补当年亏损。会计分录如下。

借：盈余公积　　　　　　　　　　　　　　　45 000
　　贷：盈余分配——未分配盈余　　　　　　　　　45 000

6.4.5　本年盈余

本年盈余核算合作社本年度实现的盈余。

会计期末结转盈余时，应将"经营收入""其他收入"科目的余额转入本科目的贷方，借记"经营收入""其他收入"科目，贷记本科目；同时将"经营支出""管理费用""其他支出"科目的余额转入本科目的借方，借记本科目，贷记"经营支出""管理费用""其他支出"科目。"投资收益"科目的净收益转入本科目贷方，借记"投资收益"科目，贷记本科目；如为投资净损失，转入本科目的借方，借记本科目，贷记"投资收益"科目。

年度终了，应将本年收入和支出相抵后结出的本年实现的净盈余，转入"盈余分配"科目，借记本科目，贷记"盈余分配——未分配盈余"科目；如为净亏损，作相反会计分录，结转后本科目应无余额。

6.4.6　盈余分配

本科目核算合作社当年盈余的分配（或亏损的弥补）和历年分配后的结存余额。本科目设置"各项分配"和"未分配盈余"两个二级科目。

合作社用盈余公积弥补亏损时，借记"盈余公积"科目，贷记本科目（未分配盈余）。

按规定提取盈余公积时，借记本科目（各项分配），贷记"盈余公积"等科目。

按交易量（额）向成员返还盈余时，借记本科目（各项分配），贷记"应付盈余返还"科目。

以合作社成员账户中记载的出资额和公积金份额，以及本社接受国家财政直接补助和他人捐赠形成的财产平均量化到成员的份额，按比例分配剩余盈余时，借记本科目（各项分配），贷记"应付剩余盈余"科目。

年终，合作社应将全年实现的盈余总额，自"本年盈余"科目转入本科目，借记"本年盈余"科目，贷记本科目（未分配盈余），如为净亏损，作相反会计分录。同时，将本科目下的"各项分配"明细科目的余额转入本科目"未分配盈余"明细科目，借记本科目（未分配盈余），贷记本科目（各项分配）。年度终了，本科目的"各项分配"明细科目应无余额，"未分配盈余"明细科目的贷方余额表示未分配的盈余，借方余额表示未弥补的亏损。

本科目应按盈余的用途设置明细科目，进行明细核算，余额为合作社历年积存的未分配盈余（或未弥补亏损）。

【例6-77】昌盛农民合作社本年度实现盈余10 000元，根据经批准的盈余分配方案，按本年盈余的5%提取公积金。提取盈余公积后，当年可分配盈余的70%按成员与本社交易额比例返还给成员，其余部分根据成员账户记录的成员出资额和公积金份额，以及国家财政直接补助和他人捐赠形成的财产按比例分配给全体成员。

A. 结转本年盈余时

借：本年盈余　　　　　　　　　　　　　　　　　　10 000
　　贷：盈余分配——未分配盈余　　　　　　　　　　　10 000

B. 提取盈余公积时，按规定比例计算出提取金额10 000×5%=500（元）

借：盈余分配——各项分配——提取盈余公积　　　　　500
　　贷：盈余公积　　　　　　　　　　　　　　　　　　500

C. 按成员与本社交易额比例返还盈余时，根据成员账户记录的成员与本社交易额比例，分别计算出返还给每个成员的金额和总额

应付盈余返还总额=（10 000-500）×70%=6 650（元）

借：盈余分配——各项分配——盈余返还　　　　　　6 650

贷：应付盈余返还——全体成员　　　　　　　　　6 650
　　D. 分配剩余盈余时，根据成员账户记录的成员出资额和公积金份额，以及国家财政直接补助和他人捐赠形成的财产平均量化到成员的份额，按比例分别计算出分配给每个成员的金额和总额

应付剩余盈余总额 = 10 000-500-6 650=2 850（元）
　　借：盈余分配——各项分配——分配剩余盈余　　　2 850
　　　　贷：应付剩余盈余——全体成员　　　　　　　　2 850
　　E. 结转各项分配时
　　借：盈余分配——未分配盈余　　　　　　　　　10 000
　　　　贷：盈余分配——各项分配　　　　　　　　　10 000

6.5　农民专业合作社生产成本的核算

　　为了核算合作社直接组织生产或提供劳务服务所发生的各项生产费用和劳务服务成本，农民专业合作社设置"生产成本"会计科目。

　　合作社发生各项生产费用和劳务服务成本时，应按成本核算对象和成本项目分别归集，借记"生产成本"科目，贷记"库存现金""银行存款""产品物资""应付工资""成员往来""应付款"等科目。

　　会计期间终了，合作社已经生产完成并已验收入库的产成品，按实际成本，借记"产品物资"科目，贷记"生产成本"科目。

　　合作社提供劳务服务实现销售时，借记"经营支出"科目，贷记"生产成本"科目。

　　本科目应按生产费用和劳务服务成本种类设置明细科目，进行明细核算，期末借方余额，反映合作社尚未生产完成的各项在产品和尚未完成的劳务服务成本。

【例6-78】农产品成本核算：惠农果蔬专业合作社统一组织香菇种植，领用种植温控设备3 000元，种植原料4 000元，香菇种子7 000元……共计17 000元。

借：生产成本——香菇		17 000
贷：产品物资——各项物资		17 000
借：产品物资——香菇		17 000
贷：生产成本——香菇		17 000

【例6-79】加工农产品核算：华泰葛产业农民专业合作社收购社员王五黑木耳2吨，单价12 000元/吨，销售后再支付货款。黑木耳的供销由合作社统一进行。支付运费1 000元，领用包装2 000元，精选人员工资6 000元，车间设备折旧1 000元，黑木耳包装完成入库。

借：产品物资——黑木耳	24 000
贷：成员往来——王五	24 000
借：生产成本——黑木耳	10 000
贷：库存现金	1 000
产品物资——包装箱	2 000
应付工资	6 000
累计折旧	1 000
借：产品物资——黑木耳	10 000
贷：生产成本——黑木耳	10 000

【例6-80】劳务成本核算：华泰葛产业农民专业合作社为成员提供水稻收割劳务，按合同规定成员要支付合作社劳务费12 000元。水稻收割期间，消耗燃油6 000元，水稻收割机折旧1 000元，人员工资3 000元。

借：生产成本——水稻收割劳务	10 000
贷：库存现金	6 000
应付工资	3 000
累计折旧	1 000
借：银行存款	12 000
贷：经营收入——水稻收割收入	12 000
借：经营支出	10 000
贷：生产成本——水稻收割劳务	10 000

6.6 农民专业合作社损益的核算

6.6.1 经营收入

经营收入是指合作社销售产品、提供劳务,以及为成员代购代销、向成员提供技术和信息服务等活动取得的收入。

合作社实现经营收入时,应按实际收到或应收的价款,借记"库存现金""银行存款""应收款""成员往来"等科目,贷记本科目。本科目应按经营项目设置明细科目,进行明细核算。年终,应将本科目的余额转入"本年盈余"科目的贷方,结转后本科目应无余额。

6.6.2 其他收入

本科目核算合作社除经营收入以外的其他收入。

合作社发生其他收入时,借记"库存现金""银行存款"等科目,贷记本科目。

年终,应将本科目的余额转入"本年盈余"科目的贷方,结转后本科目应无余额。

6.6.3 投资收益

本科目核算合作社对外投资取得的收益或发生的损失。

合作社取得投资收益时,借记"库存现金""银行存款"等科目,贷记本科目;到期收回或转让对外投资时,按实际取得的价款,借记"库存现金""银行存款"等科目,按原账面余额,贷记"对外投资"科目,按实际取得价款和原账面余额的差额,借记或贷记本科目。年终,应将本科目的余额转入"本年盈余"科目的贷方;如为净损失,转入"本年盈余"科目的借方,结转后本科目应无余额。

6.6.4 经营支出

本科目核算合作社因销售产品、提供劳务,以及为成员代购代销,向成员提供技术、信息服务等活动发生的支出。

合作社发生经营支出时，借记本科目，贷记"产品物资""生产成本""应付工资""成员往来""应付款"等科目。年终，应将本科目的余额转入"本年盈余"科目的借方，结转后本科目应无余额。

6.6.5 管理费用

本科目核算合作社为组织和管理生产经营活动而发生的各项支出，包括合作社管理人员的工资、办公费、差旅费、管理用固定资产的折旧、业务招待费、无形资产摊销等。

合作社发生管理费用时，借记本科目，贷记"应付工资""库存现金""银行存款""累计折旧""无形资产"等科目。年终，应将本科目的余额转入"本年盈余"科目的借方，结转后本科目应无余额。

6.6.6 其他支出

本科目核算合作社发生的除"经营支出""管理费用"以外的其他各项支出，如农业资产死亡毁损支出、损失，固定资产及产品物资的盘亏、损失，罚款支出、利息支出、捐赠支出、无法收回的应收款项损失等。

合作社发生其他支出时，借记本科目，贷记"库存现金""银行存款""产品物资""累计折旧""应付款""固定资产清理"等科目。年终，应将本科目的余额转入"本年盈余"科目的借方，结转后本科目应无余额。

6.7 农民专业合作社的会计报表

会计报表是反映农民专业合作社某一特定日期财务状况和某一会计期间经营成果的书面报告。合作社应按照规定准确、及时、完整地编制会计报表，向登记机关、农村经营管理部门和有关单位报送，并按时置备于办公地点，供成员查阅。

合作社应编制的会计报表，按内容划分为：资产负债表、盈余及盈余分配表、成员权益变动表、科目余额表和收支明细表、财务状况说明书等。

合作社应按登记机关规定的时限和要求，及时报送资产负债表、盈余及盈余分配表和成员权益变动表等。

各级农村经营管理部门,应对所辖地区报送的合作社资产负债表、盈余及盈余分配表和成员权益变动表进行审查,然后逐级汇总上报,同时附送财务状况说明书,按规定时间报农业农村部。

资产负债表、盈余及盈余分配表和成员权益变动表格式及编制说明如下文所述,科目余额表和收支明细表的格式及编制说明由各省、自治区、直辖市财政部门和农村经营管理部门根据《农民专业合作社财务会计制度(试行)》自行规定。

6.7.1 资产负债表

见表6-2。

表6-2 资产负债表

_____年___月___日

会农社01表

编制单位:　　　　　　　　　　　　　　　　　　　　　　　　单位:元

资产	行次	年初数	年末数	负债及所有者权益	行次	年初数	年末数
流动资产:				流动负债:			
货币资金	1			短期借款	30		
应收款项	5			应付款项	31		
存货	6			应付工资	32		
流动资产合计	10			应付盈余返还	33		
				应付剩余盈余	35		
长期资产:				流动负债合计	36		
对外投资	11						
农业资产:				长期负债:			
牲畜(禽)资产	12			长期借款	40		
林木资产	13			专项应付款	41		
农业资产合计	15			长期负债合计	42		
固定资产:				负债合计	43		
固定资产原值	16						
减:累计折旧	17						
固定资产净值	20			所有者权益:			
固定资产清理	21			股金	44		
在建工程	22			专项基金	45		
固定资产合计	25			资本公积	46		
其他资产:				盈余公积	47		
无形资产	27			未分配盈余	50		
长期资产合计	28			所有者权益合计	51		
资产总计	29			负债和所有者权益总计	54		

补充资料：

项目	金额
无法收回、尚未批准核销的应收款项	
盘亏、毁损和报废、尚未批准核销的存货	
无法收回、尚未批准核销的对外投资	
死亡毁损、尚未批准核销的农业资产	
盘亏、毁损和报废、尚未批准核销的固定资产	
毁损和报废、尚未批准核销的在建工程	
注销和无效、尚未批准核销的无形资产	

资产负债表编制说明：

（1）本表反映合作社一定日期全部资产、负债和所有者权益状况。

（2）本表"年初数"栏内各项数字，应根据上年末资产负债表"年末数"栏内所列数字填列。如果本年度资产负债表规定的各个项目的名称和内容同上年度不相一致，应对上年末资产负债表各项目的名称和数字按照本年度的规定进行调整，填入本表"年初数"栏内，并加以书面说明。

（3）本表"年末数"各项目的内容及其填列方法：

①"货币资金"项目，反映合作社库存现金、银行结算账户存款等货币资金的合计数。本项目应根据"库存现金""银行存款"科目的年末余额合计填列。

②"应收款项"项目，反映合作社应收而未收回和暂付的各种款项。本项目应根据"应收款"和"成员往来"各明细科目年末借方余额合计数合计填列。

③"存货"项目，反映合作社年末在库、在途和在加工中的各项存货的价值，包括各种材料、燃料、机械零配件、包装物、种子、化肥、农药、农产品、在产品、半成品、产成品等。本项目应根据"产品物资""受托代销商品""受托代购商品""委托加工物资""委托代销商品""生产成本"科目年末余额合计填列。

④"对外投资"项目，反映合作社的各种投资的账面余额。本项目应根据"对外投资"科目的年末余额填列。

⑤"牲畜（禽）资产"项目，反映合作社购入或培育的幼畜及育肥畜和产役畜的账面余额。本项目应根据"牲畜（禽）资产"科目的年末余额填列。

⑥"林木资产"项目，反映合作社购入或营造的林木的账面余额。本项目应根据"林木资产"科目的年末余额填列。

⑦"固定资产原值"项目和"累计折旧"项目，反映合作社各种固定资产原值及累计折旧。这两个项目应根据"固定资产"科目和"累计折旧"科目的年末余额填列。

⑧"固定资产清理"项目，反映合作社因出售、报废、毁损等原因转入清

理但尚未清理完毕的固定资产的账面净值，以及固定资产清理过程中所发生的清理费用和变价收入等各项金额的差额。本项目应根据"固定资产清理"科目的年末借方余额填列；如为贷方余额，本项目数字应以"－"号表示。

⑨"在建工程"项目，反映合作社各项尚未完工或虽已完工但尚未办理竣工决算和交付使用的工程项目实际成本。本项目应根据"在建工程"科目的年末余额填列。

⑩"无形资产"项目，反映合作社持有的各项无形资产的账面余额。本项目应根据"无形资产"科目的年末余额填列。

⑪"短期借款"项目，反映合作社借入尚未归还的一年期以下（含一年）的借款。本项目应根据"短期借款"科目的年末余额填列。

⑫"应付款项"项目，反映合作社应付而未付及暂收的各种款项。本项目应根据"应付款"科目年末余额和"成员往来"各明细科目年末贷方余额合计数合计填列。

⑬"应付工资"项目，反映合作社已提取但尚未支付的人员工资。本项目应根据"应付工资"科目的年末余额填列。

⑭"应付盈余返还"项目，反映合作社按交易量（额）应支付但尚未支付给成员的可分配盈余返还。本项目应根据"应付盈余返还"科目的年末余额填列。

⑮"应付剩余盈余"项目，反映合作社以成员账户中记载的出资额和公积金份额，以及本社接受国家财政直接补助和他人捐赠形成的财产平均量化到本社成员的、应支付但尚未支付给成员的剩余盈余。本项目应根据"应付剩余盈余"科目的年末余额填列。

⑯"长期借款"项目，反映合作社借入尚未归还的一年期以上（不含一年）的借款。本项目应根据"长期借款"科目的年末余额填列。

⑰"专项应付款"项目，反映合作社实际收到国家财政直接补助而尚未使用和结转的资金数额。本项目应根据"专项应付款"科目的年末余额填列。

⑱"股金"项目，反映合作社实际收到成员投入的股金总额。本项目应根据"股金"科目的年末余额填列。

⑲"专项基金"项目，反映合作社通过国家财政直接补助转入和他人捐赠形成的专项基金总额。本项目应根据"专项基金"科目年末余额填列。

⑳"资本公积"项目，反映合作社资本公积的账面余额。本项目应根据"资本公积"科目的年末余额填列。

㉑"盈余公积"项目，反映合作社盈余公积的账面余额。本项目应根据"盈余公积"科目的年末余额填列。

㉒"未分配盈余"项目，反映合作社尚未分配的盈余。本项目应根据"本

年盈余"科目和"盈余分配"科目的年末余额计算填列;未弥补的亏损,在本项目内数字以"-"号表示。

6.7.2 盈余及盈余分配表

见表6-3。

表6-3 盈余及盈余分配表
_____年

会农社02表

编制单位: 单位:元

项目	行次	金额	项目	行次	金额
本年盈余			盈余分配		
一、经营收入	1		四、本年盈余	16	
加:投资收益	2		加:年初未分配盈余	17	
减:经营支出	5		其他转入	18	
管理费用	6		五、可分配盈余	21	
二、经营收益	10		减:提取盈余公积	22	
加:其他收入	11		盈余返还	23	
减:其他支出	12		剩余盈余分配	24	
三、本年盈余	15		六、年末未分配盈余	28	

盈余及盈余分配表编制说明:

(1)本表反映合作社一定期间内实现盈余及其分配的实际情况。

(2)本表主要项目的内容及填列方法如下:

①"经营收入"项目,反映合作社进行生产、销售、服务、劳务等活动取得的收入总额。本项目应根据"经营收入"科目的发生额分析填列。

②"投资收益"项目,反映合作社以各种方式对外投资所取得的收益。本项目应根据"投资收益"科目的发生额分析填列;如为投资损失,以"-"号填列。

③"经营支出"项目,反映合作社进行生产、销售、服务、劳务等活动发生的支出。本项目应根据"经营支出"科目的发生额分析填列。

④"管理费用"项目,反映合作社为组织和管理生产经营服务活动而发生的费用。本项目应根据"管理费用"科目的发生额分析填列。

⑤"其他收入"项目和"其他支出"项目,反映合作社除从事主要生产经营活动以外而取得的收入和支出,本项目应根据"其他收入"和"其他支出"科目的发生额分析填列。

⑥"本年盈余"项目,反映合作社本年实现的盈余总额。如为亏损总额,本项目数字以"-"号填列。

⑦"年初未分配盈余"项目，反映合作社上年度未分配的盈余。本项目应根据上年度盈余及盈余分配表中的"年末未分配盈余"数额填列。

⑧"其他转入"项目，反映合作社按规定用公积金弥补亏损等转入的数额。本项目应根据实际转入的公积金数额填列。

⑨"可分配盈余"项目，反映合作社年末可供分配的盈余总额。本项目应根据"本年盈余"项目、"年初未分配盈余"项目和"其他转入"项目的合计数填列。

⑩"提取盈余公积"项目，反映合作社按规定提取的盈余公积数额。本项目应根据实际提取的盈余公积数额填列。

⑪"盈余返还"项目，反映按交易量（额）应返还给成员的盈余。本项目应根据"盈余分配"科目的发生额分析填列。

⑫"剩余盈余分配"项目，反映按规定应分配给成员的剩余可分配盈余。本项目应根据"盈余分配"科目的发生额分析填列。

⑬"年末未分配盈余"项目，反映合作社年末累计未分配的盈余。如为未弥补的亏损，本项目数字以"-"号填列。本项目应根据"可分配盈余"项目扣除各项分配数额的差额填列。

6.7.3 成员账户及成员权益变动表

（1）成员账户

见表6-4。

表6-4 成员账户

成员姓名：　　　　　联系地址：　　　　　　　　　　　第　　　页

编号	年		摘要	成员出资	公积金份额	形成财产的财政补助资金量化份额	捐赠财产量化份额	交易量		交易额		盈余返还金额	剩余盈余返还金额
	月	日						产品1	产品2	产品1	产品2		
1													
2													
3													
4													
5													
年终合计													

公积金总额：　　　　　　　　　　　　盈余返还总额：

成员账户编制说明：

① 本表反映合作社成员入社的出资额、量化到成员的公积金份额、成员与本社的交易量（额）以及返还给成员的盈余和剩余盈余金额。

② 年初将上年各项公积金数额转入，本年发生公积金份额变化时，按实际发生变化数填列调整。"形成财产的财政补助资金量化份额""捐赠财产量化份额"在年度终了，或合作社进行剩余盈余分配时，根据实际发生情况或变化情况计算填列调整。

③ 成员与合作社发生经济业务往来时，"交易量（额）"按实际发生数填列。

④ 年度终了，以"成员出资""公积金份额""形成财产的财政补助资金量化份额""捐赠财产量化份额"合计数汇总成员应享有的合作社公积金份额，以"盈余返还金额"和"剩余盈余返还金额"合计数汇总成员全年盈余返还总额。

（2）成员权益变动表

见表6-5。

表6-5　成员权益变动表

_____年

会农社03表

编制单位：　　　　　　　　　　　　　　　　　　　　　　　　　单位：元

项目	股金	专项基金	资本公积	盈余公积	未分配盈余	合计
年初余额						
本年增加数						
	其中：	其中：	其中：	其中：		
	资本公积转赠	国家财政直接补助	股金溢价	从盈余中提取		
	盈余公积转赠	接受捐赠转入	资产评估增值			
	成员增加出资					
本年减少数						
					其中：	
					按交易量（额）分配的盈余：	
					剩余盈余分配	
年末余额						

成员权益变动表编制说明：

① 本表反映合作社报告年度成员权益增减变动的情况。

② 本表各项目应根据"股金""专项基金""资本公积""盈余公积""盈余分配"科目的发生额分析填列。

③ 未分配盈余的本年增加数是指本年实现盈余数（净亏损以"－"号填列）。

6.7.4 财务状况说明书

财务状况说明书是对合作社一定会计期间生产经营、提供劳务服务以及财务、成本情况进行分析说明的书面文字报告。合作社应于年末编制财务状况说明书，对年度内财务状况做出书面分析报告，进行全面系统的分析说明。财务状况说明书没有统一的格式，但其内容至少应涵盖以下几个方面：

（1）合作社生产经营服务的基本情况　包括：合作社的股金总额、成员总数、农民成员数及所占的比例、主要服务对象、主要经营项目等情况。

（2）成员权益结构

① 理事长、理事、执行监事、监事会成员名单及变动情况；

② 各成员的出资额，量化为各成员的公积金份额，以及成员入社和退社情况；

③ 企事业单位或社会团体成员个数及所占的比例；

④ 成员权益变动情况。

（3）其他重要事项

① 变更主要经营项目；

② 从事的进出口贸易；

③ 重大财产处理、大额举债、对外投资和担保；

④ 接受捐赠；

⑤ 国家财政支持和税收优惠；

⑥ 与成员的交易量（额）和利用其提供的服务的非成员的交易量（额）；

⑦ 提取盈余公积的比例；

⑧ 盈余分配方案、亏损处理方案；

⑨ 未决诉讼、仲裁。

6.8 农民专业合作社财务管理

财务管理是基于合作社生产经营过程中客观存在的财务活动和财务关系而产生的，它是利用价值形式运用规范的准则与方法对合作社筹资、投资、资金营运、分配等生产经营过程中资金使用情况进行的管理，是企业组织财务活动、处理与各方面财务关系的一项综合性管理工作。

6.8.1 财务管理的基本原则

封闭运行，专款专用、专人管理、专账核算。就是说互助资金不能出合作社只能在合作社内运转；并且必须以合作社的名义在正规金融机构开设专门的账户，而不能存入个人账户；互助资金原则上只能用于农户生产、增收有关的借款及《合作社信用合作部章程》允许的活动；合作社信用合作部必须设有专门的人员负责其财务管理与核算工作；互助资金的专用账户，只能核算与互助资金运作有关的业务和费用。

6.8.2 财务管理的基本要求

合作社信用合作部要及时、完整地对合作社信用合作部的资金运行活动进行核算、反映和管理；保证向合作社信用合作部社员、监管部门提供真实、准确、可靠的会计信息；定期公示其财务运行状况，接受全体合作社信用合作部社员的监督。自觉接受农业农村部、财政、民政、审计、监察等相关部门的检查、监督和审计。

6.8.3 合作社内部会计控制

为了规范合作社信用合作部会计行为，保证会计资料真实、完整，堵塞漏洞、消除隐患，防止并及时发现、纠正错误，保护合作社信用合作部资产的安全、完整，合作社信用合作部必须在遵守国家有关法律、法规以及《合作社信用合作部章程》的前提下建立内部会计控制制度。合作社信用合作部内部会计控制应当约束合作社信用合作部内部涉及财务工作的所有人员，任何人不得拥有超越内部会计控制的权力。合作社信用合作部内部会计控制涵盖涉及会计工作的相关岗位及各项经济业务。合作社信用合作部的岗位设置应坚持不相容职务相互分离，如审批人不能为经办人、会计不能兼任出纳、监督人员不能兼任会计或出纳等，要确保不同岗位之间责权分明、相互制约、相互监督。并应针对业务处理过程中的关键控制点，如借款发放、回收等，具体落实到审批、执行、监督、反馈等各个环节。

6.8.4 合作社印章及重要空白凭证的管理

合作社行政公章、财务专用章、财务预留银行的个人印鉴等应采用"专人使用，专人保管，专人负责"的办法，原则上行政专用公章由理事长保管、财务专用公章由财务负责人保管、银行预留个人印鉴由预留的人员分别保管。银行预留印鉴（密码）和支付款项的全部印鉴严禁一人保管。重要空白凭证是由合作社信用合作部填写金额并经签章后即具有支取款项效力的空白凭证，包括支票、借款发放和回收凭证等，需要贯彻"证、印分管，领、用分管"的原则，实行专人负责、专人保管，空白凭证原则上应由会计保管，领用时，应将领发的数量、起讫号码等逐项登记。

6.8.5 应收账款管理

互助资金的应收账款管理实际上就是农户借款的管理，为了加强应收账款管理，必须严格按照《合作社信用合作部章程》规定发放借款。把好借款条件

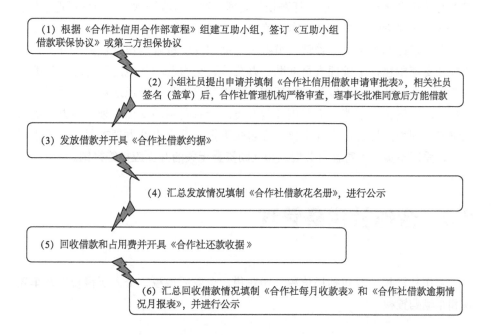

关、借款限额关，坚决杜绝人情借款和以借谋私行为的发生。同时，严格按照借款发放和回收基本程序进行管理。其基本程序是：

对到期未还的农户，应立即回收，坚决杜绝拖欠或采取以新借抵旧借、展期、重置借款等手段变相拖欠。同时要及时启动联保程序，原则上3日内向所在互助小组其他社员收回此笔借款，否则，此笔借款将在财务上记录为逾期。

发生借款到期未还时，合作社首先要停止该互助小组所有社员的借款，然后逐户调查、认真研究，制订详细收款计划，采取有效措施进行催收。

6.8.6　收入及成本费用管理

（1）收益分配　合作社经营利润年终时应按照《合作社信用合作部章程》确定的比例进行分配。分配顺序原则上为：提取互助资金运行管理费用——提取盈余公积——预留风险准备金——剩下的滚入本金，作为公积金。

（2）风险准备与坏账损失　风险准备金的提取一般为年底借款余额的百分之三加上逾期借款总额的百分之二十。也可以与村民讨论，采取按年提取固定比例的办法，原则上，风险准备金不少于当年总收入的10%。风险准备金一般应留在账上备用，不能全额借出。如果确因重大的自然灾害等人力不可抗拒的原因使借款无法收回，形成坏账，且必须要注销时，须经合作社社员大会讨论通过，由合作社向县级主管部门提出书面申请，由县主管部门审核和确认，报省级主管部门批准后，才能作坏账损失处理，冲销应收账款，但应保留追索权。

（3）管理费用　按照《合作社信用合作部章程》规定，每年年底借款收益中将有一定比例用于当年管理人员务工补助和互助资金运作管理费用开支。管理费开支范围包括：管理人员补助、办公费、交通费和其他用于管理发生的必需费用。合作社要力求做到先收后支，量入为出，科学合理地对合作社经费进行预算，严格按管理费开支范围控制开支。所有费用的支出，须由经办人提供报销票据即原始凭证，会计审核、理事长审批，再交出纳办理支付。对于手续不齐、凭证不实、不符合财务规定和互助资金无关的开支应拒绝报销。

6.9　合作社税务管理

合作社涉税主要包括增值税、印花税、企业所得税、个人所得税以及车船税和车辆购置税。

6.9.1 增值税

国家现行法律法规明确规定，对农民专业合作社销售本社成员生产的农业产品，视同农业生产者销售自产农业产品，免征增值税，包括种植业、养殖业、林业、牧业和水产业；增值税一般纳税人从农民专业合作社购进的免税农业产品，可按13%的扣除率计算抵扣增值税进项税额。也就是农民专业合作社可以给有需要的客户开具增值税发票（可自开，也可由税务机关代开），但无需交纳税费，收到发票的收货方也可以作税收抵扣。

6.9.2 印花税

国家现行法律法规明确规定，对农民专业合作社与本社成员签订的农业产品和农业生产资料购销合同免征印花税，国家指定的收购部门与村民委员会、农民个人签订的农副产品收购合同免征印花税，保险公司与合作社签订的农林作物、牧业畜类保险合同免征印花税。

6.9.3 企业所得税

免征所得税的业务收入包括：蔬菜、谷物、薯类、油料、豆类、棉花、麻类、糖料、水果、坚果的种植；农作物新品种的选育；中药材的种植；林木的培育和种植；牲畜、家禽的饲养；林产品的采集；灌溉、农产品的初加工、兽医、农技推广、农机作业和维修等农、林、牧、渔服务业项目；远洋捕捞。

减半征收所得税的业务收入包括：花卉、茶叶以及其他饮料作物和香料作物的种植；海水养殖、内陆养殖。

6.9.4 个人所得税

对个人或个体户从事种植业、养殖业、饲养业、捕捞业，且经营项目属于农业税（包括农业特产税）、牧业税征税范围的，其取得的"四业"所得暂不征收个人所得税。

6.9.5 车船税和车辆购置税

拖拉机、捕捞和养殖用渔船免征车船税。配置为柴油发动机、功率不大于

7.4千瓦、载重量不大于500千克、最高车速不大于40千米/小时的农用三轮车免征车辆购置税。

　　税务局对农民专业合作社一般都是遵照合作社会计管理规定的要求，按小规模的单位对待，执行小企业会计制度。工商税务已经同人民银行个人信用征信系统联网，专业合作社注册后不报税、不注销，专业合作社有信用污点。

参考文献

[1] 王瑞贺.中华人民共和国农民专业合作社法释义.北京：法律出版社，2018.

[2] 农业农村部农村合作经济指导司，农业农村部管理干部学院.全国农民合作社典型案例（1）.北京：中国农业出版社，2019.

[3] 农业部，国家发展和改革委员会，财政部等.关于引导和促进农民合作社规范发展的意见.中华人民共和国农业农村部网站，2017.

[4] 刘宇翔.农民合作社发展模式研究.北京：中国财政经济出版社，2019.

[5] 辛子军，董云鹏.农民合作社运营实务.北京：中国农业出版社，2017.

[6] 黄胜忠.农民专业合作社的规范运行与可持续发展.北京：中国社会科学出版社，2014.

[7] 季玉福.农民专业合作社规范化建设.北京：中国农业科学技术出版社，2012.

[8] 农业农村部农村合作经济指导司.中国农民专业合作社发展报告（2018）.北京：中国农业出版社，2019.

[9] 卫书杰，姬红萍，黄维勤.农民专业合作社经营管理.北京：中国林业出版社，2016.

[10] 李秀萍，赵永军，葛万钧.农民专业合作社建设与经营管理.北京：中国农业科学技术出版社，2018.

[11] 闫云婷.农业企业会计核算规范·精讲·实训.北京：化学工业出版社，2017.

[12] 韦群生，林健栋.农民专业合作社会计.上海：立信会计出版社，2011.